Un homme à sa compagne

J. Allan Dunn

Writat

Cette édition parue en 2023

ISBN : 9789359252933

Publié par
Writat
email : info@writat.com

Contenu

CHAPITRE I

SAMSON AVEUGLE

Il faisait un temps parfait sur le front de mer de San Francisco, et Rainey réagissait au contact vif de l'alizé sur sa joue, la brise tempérant le soleil, apportant avec elle une saveur de haute mer et un soupçon d'épices orientales de les quais. Il siffla en avançant, observant une montagne russe qui s'éloignait. Le bruit sourd d'une lourde canne sur l'allée en bois et le bruit de pas incertains l'avertissaient de ne pas se heurter à un homme qui se frayait un chemin le long de l'Embarcadero, un géant qui s'arrêta brusquement et lui fit face, appuyé sur le lourd bâton.

" Matey , " demanda le géant, " pourrais-tu mettre un aveugle sur le chemin pour trouver la goélette de phoque *Karluk* ? "

La voix convenait à son propriétaire, pensa Rainey — une voix de basse tempérée pour l'occasion, une voix des profondeurs qui pouvait hurler au-dessus du rugissement d'un vent si nécessaire. Malgré tous ses vêtements et son bagage de navigation , l'homme était certainement un marin, ou l'avait été. Toute la peau découverte par le tissu ou les cheveux était transformée en cuir, les grandes mains recroquevillées comme si elles tenaient une corde invisible. Il portait des lunettes noires à verres latéraux sur lesquelles de gros sourcils se projetaient en mèches hirsutes de cheveux roux.

Aveugle alors que l'homme se proclamait avec sa voix et son action, Rainey sentit quelque chose derrière ces lunettes colorées qui semblaient l'évaluer, presque comme si la volonté de l'homme scrutait ou écoutait, concentrée à travers ces orbites apathiques. Une sorte de magnétisme, pas du tout attrayant, décida Rainey, tout en offrant aide et informations.

"Vous n'êtes pas à cinquante mètres du *Karluk* ", répondit Rainey. "Mais vous êtes dans la mauvaise direction. Laissez-moi vous corriger. Je vais par là moi-même."

"C'est gentil de ta part, mon pote ", dit l'autre. "Mais je vous ai choisis pour ce genre-là, vous entendant siffler pendant que vous avanciez . Léger, je pense , et jeune, très probablement; il aidera un homme bloqué. Donnez-moi le contact de votre bras d'autrefois. , mon pote , et je vais ranger mon longeron.

Il se retourna, passant le manche incurvé du bâton sur son coude droit tandis que les doigts de sa main gauche se posaient sur le bras tendu de Rainey. Des doigts forts, presque vibrants d'une force manifestée à travers la serge et le lin. Des doigts qui pouvaient s'agripper comme de l'acier à l'occasion.

Rainey évalua avec étonnement son épouse. La corpulence de l'étranger était énorme. Rainey était lui-même bien au-dessus de la moyenne, mais il n'était qu'un adolescent à côté de cette carcasse, cette carcasse échouée, de virilité. Et, malgré tous les yeux à lunettes et les pieds traînants, il y avait une marque de force coordonnée chez le géant qui représentait l'aveugle Samson. Avec ses yeux, Rainey pouvait l'imaginer agile comme une panthère, fort comme un ours.

Son poids était constitué de muscles et de tendons, d'une chair solide et de rechange, sans une once de déchet, sur un squelette puissant. Son visage était couvert d'une lourde barbe, couverte de cheveux d'un rouge flamboyant et bouclé, depuis les pommettes hautes jusqu'aux pommettes, hors de vue, sous le col doux et ample de sa chemise. Le pont de ses lunettes reposait sur la courbure d'un nez comme le bec d'un balbuzard pêcheur, les extrémités des fils enroulées autour des oreilles proches de la tête, poilues sur les courbes intérieures, sans lobes , les pointes suggérant les embouts des oreilles. d'un satyre.

La bouche et la mâchoire étaient cachées, mais la barbe ne pouvait nier la projection audacieuse de cette dernière. Vers trente ans, Rainey le jugea. Secoué par le temps et les intempéries, mais dans la fleur de l'âge.

« Aveuglé par la neige, mon pote », dit l'homme. "North o' Point Barrow, il y a un an et plus. M'a élevé debout . Qu'est-ce que tu es ? Un homme à vapeur ? Un commissaire de bord, peut-être ?"

"Journaliste", répondit Rainey. "Détail du front de mer. Pour le *temps* ."

"Tu ne le dis pas, mon pote ? Un écrivain, hein ?"

à nouveau le tiraillement de ce quelque chose derrière les lentilles sombres, des spéculations se déroulaient dans l'esprit de l'homme à son sujet. Et il sentit les doigts fermes se contracter très légèrement, s'enfonçant dans les muscles de son avant-bras pendant une seconde avec une allusion à la façon dont ils pouvaient se meurtrir et paralyser à volonté. Une fois de plus, un léger sentiment de répulsion combattit son inclination naturelle à aider le marin handicapé, et il s'en débarrassa.

« Le *Karluk* appareille demain », dit-il.

"Oui, alors... alors ils me l'ont dit, mon pote . Tu es à bord ?"

"J'ai eu une brève conversation avec le capitaine Simms lorsqu'elle a accosté. Ce n'est pas vraiment une histoire. Elle n'a pas fait un bon voyage, vous savez."

"Pourquoi, je ne savais pas. Mais... attendez un instant , d'accord ? Vous voyez, Simms est un de mes anciens camarades de bord. Il ne rêve pas que je sois à moins de cent milles d'ici. Oui, ou un mille." Il eut un petit rire profond. "Maintenant, mon pote , regarde ici."

Rainey était ancré par la prise convaincante. Ils se tenaient à côté du bordereau dans lequel reposait le scellant. Les ponts *du Karluk* étaient déserts, même si de la fumée sortait du tuyau de poêle de la cuisine.

"Simms sera probablement à bord", poursuivit l'autre. " Vous voyez, je connais ses manières. Et j'ai fait un long voyage pour le voir. Il m'a presque manqué. Je ne suis arrivé de Seattle que ce matin . Il n'est pas là . " je m'attends , et j'ai en tête de le surprendre. En guise de plaisanterie. Je ne veux pas être annoncé, voyez-vous. Passez le voir. Comment est le pont ? Clair?"

"Personne en vue", a déclaré Rainey.

" Très bien ! Des camarades et un équipage sur la côte de Barb'ry , je pense. Les chasseurs de phoques ont eu des libertés le dernier jour à terre. Comme les baleiniers. J'ai moi-même enterré quelques fers, mon pote , mais je ne verrai jamais la vapeur d'un droit. " encore une baleine . Je suis échoué. Alors tu vas me rendre un service, mon pote , et me faire descendre dans la cabine, si c'est le cas, le capitaine est là. S'il ne l' est pas , je l'attendrai. J'ai le droit de fuir la cabine *du Karluk* . Je connais chaque centimètre carré d'elle. Vous verrez quand nous monterons à bord. Allons-y.

Rainey le conduisit sur la passerelle jusqu'au pont du chasseur, encore un peu encombré de matériel non rangé. Une fois à bord, l'aveugle semblait marcher avec assurance, se guidant par des touches ici et là qui témoignaient de sa familiarité avec le gréement du navire. Et il ne traînait plus, mais marchait d'un pas léger, souriant à Rainey à travers sa barbe, un index émoussé posé sur sa bouche alors qu'il s'approchait de la lucarne de la cabine, levée à bâbord. À travers elle parvenait un murmure de voix. L'aveugle hocha la tête avec satisfaction et élargit son sourire en adressant un « chut-h » d'avertissement à son guide.

"Nous allons les tromper comme il se doit", dit-il plutôt que de le prononcer.

Les portes annexes étaient fermées, mais elles s'ouvrirent sans bruit. Les escaliers étaient recouverts de moquette en caoutchouc ondulé qui étouffait tout bruit. Deux hommes étaient assis à la table de la cabine, penchés en avant, mains et avant-bras tendus, doigtant quelque chose. Un certain Rainey reconnut comme étant le capitaine, Simms — un homme massif, de constitution carrée, aux cheveux gris, rasé de près, à la chair bronzée, mais en quelque sorte en mauvaise santé, comme si le bronze était sur le point de ternir. Il y avait de profondes bouffées sous les yeux gris fatigués.

L'autre était plus jeune, grand, nerveux et actif, avec des yeux sombres, une moustache et une barbe foncées, ce dernier étant taillé en Vandyke. Entre eux se trouvait un long et mince sac de cuir, un sac de mineur. Il était à moitié plein de quelque chose qui bourrait solidement son extrémité inférieure, sans doute la même substance qui brillait dans l'embouchure du sac et dans les paumes des deux hommes : de l'or, de la grosse poussière d'or !

Rainey se sentit poussé sur le côté alors que l'aveugle enjambait le bas de la descente, dominant la cabine tandis qu'il enfonçait son bâton avec un bruit sourd sur le sol et tonnait, dans un mugissement qui semblait remplir la place et revenir en arrière. en écho assourdissant :

" *Karluk,* hé ! "

Le visage du capitaine Simms pâlit, son bronzage vira au gris maladif et sa mâchoire tomba. Rainey vit la peur lui monter dans les yeux. Son compagnon ne bougea pas d'un muscle hormis un rapide déplacement du regard, mais resta assis à table, l'or dans une paume, les doigts de l'autre main posés sur les grains.

« Jim Lund ! » haleta le capitaine d'une voix rauque.

"C'est moi, espèce de chabot furtif ? Je pensais que j'étais de la viande d'ours à cause de ça, n'est-ce pas, tu as envoyé mon âme pourrie en enfer ! Mais je suis de retour, Bill Simms. De retour, et cette fois tu ne me glisses pas ! "

Le visage de Jim Lund était rouge pourpre de rage, sur lequel ressortaient de grosses veines si gonflées qu'il semblait qu'elles allaient sûrement éclater et évacuer leur contenu encombré. Ses cheveux écarlates sortaient de la chair violette et formaient un effet diabolique. Ses dents brillaient à travers sa barbe, fortes, jaunes, très espacées. Il ressemblait, pensa Rainey, à un Berserker aveugle, retenu uniquement par son affliction.

"Tu m'as laissé aveugle sur la banquise, Bill Simms !" » rugit-il. "Aveugle, dans une tempête de neige avec la glace qui se brise ! Si je n'avais pas besoin d'une carcasse d'antan , je tordreais la tête d'un corps écailleux d'antan comme si j'arrachais une carotte."

Les doigts de Lund s'ouvrirent et se refermèrent convulsivement. Avant Rainey, la vision du crime menacé devenait claire.

"Je te cherchais, Jim", plaida le capitaine, et pour Rainey ses paroles manquaient de conviction. "Je ne savais pas que tu étais aveugle. Je t'ai entendu crier juste avant que le blizzard ne se déchaîne."

Lund répondit avec un rugissement inarticulé.

"Et il y a d'autres personnes présentes, Jim. Je peux t'expliquer quand nous serons seuls. Quand tu seras un peu plus calme, Jim."

Lund abattit son bâton sur la table d'un coup fracassant qui fit que l'homme à la barbe Vandyke, toujours silencieux et très observateur, recula son bras avec une rapidité féline qui évita de justesse le coup. Le bois lourd atterrit assez bien sur la moitié remplie du coup et fit jaillir une partie de l'or hors de la bouche.

"Qu'est-ce que j'ai frappé ?" demanda Lund

"Qu'est-ce que j'ai frappé ?" » demanda Lund. "Doux, comme un rat." Il se précipita en avant, chercha le poke et le trouva, le souleva, le souleva, son front plissé par des coutures profondes, découvrit l'extrémité ouverte, versa quelques couleurs sur une paume et s'en servit comme mortier, broyant à les grains avec son doigt en guise de pilon, pesant toujours la matière avec un léger mouvement de haut en bas de la main.

Il hocha la tête en glissant le poke dans une poche latérale, et la cabine devint très silencieuse. Le visage de Lund était terriblement terrible. Rainey aurait pu partir lorsque l'aveugle a attrapé l'or et a laissé l'échelle dégagée. Il avait eu l'intention d'y aller à la première occasion, mais maintenant il était fasciné par ce qui allait se passer, et Lund recula de l'autre côté de la descente.

"Alors," dit Lund, sa voix grave étouffée par une certaine retenue rapide. « Vous l'avez trouvé. Et vous y retournez après ? » Son front était toujours plissé de perplexité. "Wal, je pars avec toi, avec ou sans yeux, et je te surveillerai, Bill Simms, de jour comme de nuit. Tu peux t'en occuper, espèce d'écouvillon au cœur gluant !"

Sa voix s'était encore élevée. Rainey vit la sueur couler sur le front du capitaine alors qu'il répondait :

" Bien sûr que tu viendras, Jim. Pas besoin que tu parles de cette façon."

"Pas besoin de parler ! Par l'éternel, ce que j'ai à dire a fumé en moi pendant quatorze mois de noirceur, et ça sort , maintenant ça a commencé ! Qui est cet homme, qui parlait avec vous. quand je monte à bord ? »

Il se tourna directement vers l'homme au Vandyke, qui était toujours assis immobile, apparemment calme, regardant comme s'il assistait à une pièce qui pourrait se révéler soit une comédie, soit une tragédie.

"C'est le docteur Carlsen. Il doit être chirurgien pour ce voyage, Jim", dit Simms avec dépréciation, tout en jetant à Rainey un regard à moitié suspicieux, à moitié irrité.

Rainey, à l'allusion, se tourna vers l'échelle assez doucement, mais Lund l'avait mordu par le biceps avant que Rainey ne fasse un pas.

"Vous resterez ici", dit Lund, "pendant que je vous dirai, à vous et à ce Doc Carlsen, quel genre d'homme est Simms, avec son sac plein d'or et moi avec le prix de mon dernier repas dépensé il y a deux heures. Je ne vais pas filer le fil.

"Une fois, j'ai sauvé un Aléoute d'un bout d'un iceberg. Il ne restait plus grand-chose de lui à sauver. Les mains , les pieds et le nez étaient gelés, alors il les a perdus , mais le diable des pores était reconnaissant, et il m'a dit quelque chose. On m'a parlé d'une île au nord du détroit de Béring, à l'ouest du détroit de Kotzebue, où il y avait sur la plage de l'or plus riche et plus épais qu'il n'y en avait jamais eu à Nome. Je me dirige vers elle, assez près pour que mon Aléoute le reconnaisse... ce n'est pas un endroit facile à oublier pour quelqu'un qui a des yeux - et puis nous sommes soufflés vers le sud, et nous nous retrouvons dans la glace et dans les ennuis. Les Aléoutes meurent et je perds mon navire. Mais j'étais assez près. pour avoir le compte de cette île.

" Finalement, j'atterris à Seattle, fauché. Je rencontre l'homme qu'ils appellent Hardluck Simms. Ils l'appelaient aussi Honest Simms à l'époque.

Certains disaient que son honnêteté expliquait sa malchance. Je l'aime bien, et je lui ai finalement parlé. mon île. J'ai fait le bilan , et il fournit le *Karluk* , la bouffe, un équipage.

" La chance de Simms est toujours contre lui. Le *Karluk* s'enfonce dans la glace, les seins pincés et transporté vers le nord, bien au nord, avec du vent et du courant, gelé dans un floe. On dirait que nous devons hiverner. là. Attention, j'ai donné à Honest Simms le calcul de l'île. Nous sortons sur la glace après l'ours, même si le temps est menaçant , car nous manquons de viande. Et nous tuons un ours Kadiak . Moi — Je n'accepterai jamais qu'on tue un autre ours si je peux l'arrêter.

"J'ai la poubelle j'ai des problèmes avec mes yeux. Tout à fait. Je suis sur la banquise, à moins de quatre-vingts mètres de Simms. Non, pas soixante ! C'est moi qui ai tué l'ours, et nous retournons à la goélette pour faire du traîneau. Je suis resté pour saigner la brute. Tout d'un coup, comme si ça vous frappe toujours, la cécité des neiges me rend malade, et je crie à Honest Simms. Je suis aveugle, avec mes globes oculaires en feu, et le feu brûle dans mon cerveau.

"Vient ensuite une ampoule de Point Arrow. C'est un vent qui se reproduit et éclate en une seconde de nulle part. Il rassemble toute la neige poudreuse et les cristaux de glace et les entraîne dans un tourbillon. Actuellement, le vent fait commencer la glace à je bouge et je tremble comme une gelée sous toi, te fendant entre les voies. Tu perds la direction d'antan même quand tu as des yeux. Je suis laissé dedans par cette mouffette au sang de cale, aveugle sur la banquise qui se brise , tandis que il retourne à la goélette avec ses hommes. C'est Honest Simms ! Jim Lund est laissé derrière mais Honest Simms a la position de l'île.

"Je ne t'ai pas entendu crier que tu étais aveugle, Lund. Le vent a emporté tes paroles. Je ne savais pas mais tu avais aussi raison que nous tous. Le vent nous a tous isolés les uns des autres. Nous Nous avons trouvé la goélette par pur hasard avant de périr. Nous vous avons cherché… mais la banquise était brisée. Nous avons cherché… »

"Fermez-la!" » beugla Lund. "Vous avez navigué en moins de vingt-quatre heures, honnête Simms. Les indigènes me l'ont dit plus tard, quand j'ai pu comprendre à nouveau les paroles . Vous savez ce qui m'a sauvé ? L'ours ! J'ai trébuché sur la carcasse alors que j'étais presque épuisé. Je l'ai déchiré et j'ai griffé une partie des tripes chaudes, puis je suis monté à l'intérieur de ce foutu corps et je suis resté là jusqu'à ce qu'il refroidisse et je me suis serré sur moi. En attendant que tu viennes me chercher , Honnête Simms !

"Cet ours était mon gîte et couvert jusqu'à ce que les indigènes le trouvent, et moi dedans, plus mort que vivant. Peu importe le reste. J'arrive ici la veille de votre départ pour plus d'or.

"Et je vais avec toi. Mais d'abord, je vais avoir un compte rendu complet et juste de ce que tu as déjà. J'ai ce jeune homme avec moi, et il me donnera donnez-moi un coup de main pour conclure un accord.

Lund poussa Rainey de quelques pas puis relâcha son emprise. Le capitaine du *Karluk* s'adressa directement à lui.

"Vous travaillez pour le *Times* ", a-t-il déclaré. Tout au long de l'entretien, Rainey était conscient du regard du docteur Carlsen, dont les yeux sombres semblaient se moquer de toute la procédure, regardant avec l'air d'un homme regardant un jeu de cartes avec une prévision du résultat du jeu.

"M. Lund n'est pas en forme", a déclaré le capitaine. "Il a l'illusion que nous l'avons délibérément abandonné et que, plus tard, nous avons trouvé l'or dont il parle. La première accusation est absurde. Nous avons fait tout ce qui était possible dans un temps épouvantable. Nous avons à peine sauvé le navire.

" Quant à l'or, nous avons touché l'île, et nous avons fait un peu de prospection, un peu, avant d'être repoussés au large. La poussière dans le trou, c'est tout ce que nous avons récupéré. Nous y retournons pour en chercher plus, tout naturellement. Je peux prouvez tout cela par le journal de bord. Il n'est manifestement pas trafiqué, car nous imaginions M. Lund mort. Si nous avions pu exploiter la plage à fond, rien ne m'aurait tenté d'y retourner pour augmenter même une fortune modeste. "

Lund se tenait debout, la grosse tête avancée, comme s'il concentrait tous ses sens restants pour tenter de juger le discours du capitaine. Le médecin était assis, une jambe croisée, fumant une cigarette, son expression sardonique, semblable à celle d'un sphinx. Pour Rainey, un peu déconcerté d'être entraîné dans cette affaire et ennuyé par cette affaire, les paroles du capitaine Simms sonnaient assez justes. Il ne savait pas quoi dire, ni même s'il devait parler. Lund a comblé l'écart.

"Si ce n'est pas la vérité, tu mens bien, Simms", dit-il. "Mais je ne te fais pas confiance. Tu mens quand tu dis que tu ne m'as pas entendu crier que j'étais aveugle. À soixante mètres, je l'étais, et le vent n'avait pas encore commencé. J'avais peur... oui, peur... et j'ai crié à pleins poumons. Et tu es parti en moins de vingt-quatre heures.

"Chassés."

"Je ne vous crois pas. Vous m'avez abandonné, vous m'avez laissé aveugle, enfermé dans la carcasse sanglante et glacée d'un ours. Vous m'avez laissé comme le chien que vous êtes. Eh bien, vous-"

La frénésie montante de la voix de Lund fut soudainement interrompue par la note claire d'une voix de jeune fille. L'une des deux portes situées à l'arrière de la cabine principale s'était ouverte et elle se tenait dans l'espace, mince, aux cheveux jaunes, avec des yeux gris qui brillaient en regardant le petit tableau.

"Qui a dit que mon père était un chien ?" » a-t-elle demandé. "Toi?" Et elle fit face à Lund avec un défi si intrépide dans la voix, un mépris si cuisant, que le géant fut réduit au silence.

"Je m'habillais", dit-elle, "sinon je serais sortie avant. Si vous dites que mon père vous a abandonné, vous mentez!"

Le capitaine Simms se tourna vers elle. Le docteur Carlsen s'était levé et s'était avancé vers elle. Rainey aurait aimé être sur le quai. Voici une histoire qui se déroulait, c'était une *saga* du Nord. D'une manière ou d'une autre, il ne voulait pas l'utiliser. L'entrée de la jeune fille, sa personnalité vive et soudaine l'interdisaient. Il sentit un intrus alors que ses yeux le regardaient, debout aux côtés de Lund, apparemment en sympathie avec lui, disposés contre son père. Et pourtant, il n'était pas sûr que Lund n'ait pas été trahi. Le souvenir du premier regard du capitaine lorsqu'il avait levé les yeux après avoir manipulé l'or et vu Lund était trop vif.

"Rentre dans ta cabine, Peggy", dit le capitaine. "Ce n'est pas un endroit pour vous. Je peux gérer l'affaire. Lund a de quoi être excité, mais je peux le satisfaire."

Lund restait figé, tel un indicateur d'odeur, toutes ses facultés unies dans l'attention portée à la jeune fille. Pour Rainey, il semblait tenter de la visualiser par le simple sens de l'ouïe, par des perceptions accélérées dans l'aveugle. Le médecin s'approcha de la jeune fille et lui parla à voix basse.

Lund parla, et sa voix devint soudain douce.

"Je ne savais pas qu'il y avait une dame présente, mademoiselle", dit-il. " Autrefois, mon père avait raison. Laissez-nous régler ça. Nous trouverons un accord. "

Mais, malgré tout son changement rapide vers la placidité , il y avait une nuance sinistre dans sa voix que la jeune fille semblait reconnaître. Elle hésita jusqu'à ce que son père la ramène dans la cabane.

"Vous allez vous asseoir tous les deux ?" dit le docteur en parlant à haute voix pour la première fois, d'une voix aimable et soigneusement neutre. "Et nous prendrons une goutte de quelque chose. M. Lund, je peux comprendre votre attitude. Vous avez beaucoup souffert. Mais vous avez mal compris le capitaine Simms. J'ai déjà entendu parler de cela par lui. Il n'a aucune envie. pour vous tromper. Il est ravi de vous voir vivant, bien qu'affligé. Il est toujours l'honnête Simms, M. Lund.

"Je n'ai pas votre nom, monsieur", continua-t-il agréablement à Rainey. « Le capitaine a dit que vous étiez journaliste ?

"John Rainey, du *Times*. Je ne savais rien de cela avant de monter à bord."

"Et vous comprendrez, bien sûr, ce que M. Lund a négligé dans son agitation naturelle, à savoir que ce n'est pas une histoire pour votre journal. Nous devrions avoir une flotte qui nous suit. Nous devons demander votre confiance, M. Rainey."

Il y avait une forte personnalité chez le médecin, réalisa Rainey. Non pas la force motrice fanfaronnade de Lund, mais une volonté persistante et puissante. Il n'aimait pas l'homme des premières apparitions. Il était trop distant, trop sardonique dans ses attitudes. Mais ses manières étaient plutôt amicales, sa voix convaincante suggérant que Rainey était un homme de confiance. Le capitaine Simms revint dans la cabine en fermant la porte de la chambre de sa fille.

"Nous allons prendre un petit verre ensemble", dit le médecin. "J'ai du scotch dans ma cabine. Si vous voulez bien m'excuser un instant ? Capitaine, pourriez-vous apporter des verres et une chaise pour M. Lund ?"

Le capitaine regarda Rainey avec un peu d'incertitude, puis Lund, dont l'agressivité semblait avoir complètement disparu. Ce fut Rainey qui prit la chaise pour ce dernier et s'y assit. Il se joindrait à un verre amical et ensuite se taireait, se dit-il.

Et il promettrait de ne pas publier l'histoire, ni d'en parler. C'était un métier de journaliste pourri, supposait-il, mais il n'était pas un homme de première classe, en ce sens. Il laissait parfois sa propre éthique interférer avec sa plume et avec ce que le journal considérait comme son meilleur intérêt. Et c'était une véritable histoire.

Mais il était vrai que son impression signifierait une interférence avec l' expédition *du Karluk*. Et il y avait la fille. Rainey n'allait pas oublier la fille. Si les *Karluk* revenaient un jour ? Mais elle serait alors héritière.

Rainey se ridiculisa en voyant ses pensées s'emballer alors que le médecin revenait avec une bouteille de whisky écossais et un siphon. Le capitaine avait sorti des verres et un pichet d'eau claire sur un casier.

"J'imagine que vous serez le seul à prendre du seltz, M. Rainey", dit agréablement le médecin en lui passant la bouteille. "Le capitaine Simms, je le sais, utilise de l'eau claire. Les siphons sont rares en mer. Je suppose que M. Lund fait de même. Et je préfère une boisson plate."

"De l'eau claire pour le mien", a déclaré Lund.

"Nous sommes tous inculpés", a déclaré le médecin. "Voici pour une meilleure compréhension !"

"Ravi de vous voir à bord, M. Rainey", a déclaré le capitaine.

Lund se contenta de grogner.

Rainey but une longue gorgée de son verre. Il faisait chaud dans la cabine et il avait soif. Le seltzer avait un goût un peu fade – ou alors le whisky était d'une marque inhabituelle, se dit-il. Et puis l'inertie s'est soudainement emparée de lui. Il perdait l'usage de ses membres, de sa langue, lorsqu'il essayait d'appeler. Il vit les yeux sardoniques du médecin qui l'observait alors qu'il s'efforçait de se débarrasser d'une léthargie qui se muait rapidement en vertige.

Il entendit vaguement le raclement du siège du capitaine qui était repoussé. De loin, il entendit la grosse voix de Lund résonner : « Tiens, qu'est-ce que c'est ? et le docteur arrive, bas et impatient ; puis il s'effondra, la tête tombant en avant sur ses bras tendus.

CHAPITRE II

UNE ENTREPRISE DIVISE

Ce n'était pas la première fois que Rainey se trouvait sur un navire, un voilier et en mer. Chaque fois que cela était possible, il passait ses heures de jeu sur un petit sloop de fortune qu'il possédait conjointement avec un autre homme, tous deux membres du Corinthian Club. Bien que le *Curlew* n'ait fait aucun voyage en eaux bleues, ils l'avaient navigué plus d'une fois le long de la côte californienne lors de régates au large et de voyages d'agrément, et, manquant d'expérience en navigation réelle, Rainey était un marin assez habile pour un amateur.

Alors, alors qu'il sortait de l'emprise de la drogue qu'on lui avait administrée, lentement, avec un cerveau qui semblait bourré de coton et qui palpitait d'une douleur sourde et persistante, avec une gorge qui semblait recouverte de cendre, étrangement contracté – un estomac nauséeux – des yeux qui voyaient les choses à travers un voile – des membres douloureux comme s'ils étaient meurtris – les sons qui se frayaient un chemin à travers sa conscience paresseuse étaient suffisamment familiers pour le situer presque instantanément et aider le film vacillant de sa mémoire à dérouler ce qui se passait. est arrivé.

Alors qu'il était allongé sur une couchette étroite, observant les jeux de lumière qui passaient par un hublot au-delà de son champ de vision, notant dans ce mouvement erratique de lumière solaire réfléchie le roulis et le tangage des parois de la cabine, écoutant le faible bruit des vagues suivi par le swash à côté qui lui disait que le *Karluk* affrontait une mer agitée, une lente rage le maîtrisait, centrée contre le docteur au sourire sardonique et le capitaine Simms, qui, Rainey en était sûr, avait tacitement approuvé les actions du docteur.

Il se souvint de l'exclamation de Lund : « Tiens, qu'est-ce que c'est ? » – la question d'un aveugle qui ne pouvait pas comprendre ce qui se passait – et l'acquitta.

Ils l'avaient délibérément kidnappé, shanghaié, parce qu'ils n'avaient pas choisi de lui faire confiance, parce qu'ils pensaient qu'il pourrait publier l'histoire de la plage au trésor de l'île dans son journal, ou en bavarder et se précipiter vers la nouvelle grève dont il avait besoin. J'en avais vu la preuve dans la poussière d'or qui coulait du coup.

Il avait été prêt à supprimer cette histoire, réfléchit amèrement Rainey, ses intentions avaient été justes et honnêtes dans cette situation qui lui était imposée, et ils ne lui avaient pas fait confiance. Ils ne prenaient aucun risque, pensa-t-il, et il se demanda soudain quelle position la jeune fille prendrait dans cette affaire. Il ne pouvait pas imaginer qu'elle l'approuve. Pourtant, elle se rangerait naturellement du côté de son père, comme elle l'avait fait contre les accusations de Lund. Et Rainey soupçonnait qu'il y avait quelque chose derrière l'accusation de désertion de Lund. Le visage de la jeune fille, sa silhouette gracieuse, le ton de sa voix restèrent longtemps dans sa mémoire encore paralysée avant qu'il puisse l'écarter et aborder le facteur principal de son emprisonnement : *qu'allaient-ils faire de lui ?*

Il y avait une fortune en vue. Pour l'or, les hommes oublient les obligations de la vie et des lois dans la civilisation ; ils reviennent au type sauvage, et leurs esprits et leurs actions sont influencés par le besoin primitif de la luxure. La trahison, l'égoïsme, la cruauté et le crime naissent des particules brillantes avant même qu'elles ne soient réellement visibles et touchées.

Rainey le savait. Il avait lu de nombreuses histoires vraies venues du Nord gelé, des déserts et des montagnes, des récits sur les archives minières de l'Ouest.

Il se méfiait du médecin. L'homme l'avait drogué. C'était un homme dont la profession, où l'esprit était perverti, dévalorisait la vie. Le capitaine Simms avait été accusé d'avoir laissé un aveugle sur une banquise brisée. Lund était le genre de personne dont les passions le laissaient impitoyable. L'équipage – ils seraient liés par des parts dans l'entreprise, des gens rudes, audacieux et ne se souciant guère de quoi que ce soit au-delà de leurs propres horizons étroits. La jeune fille était le seul élément rédempteur de la situation.

Était-ce à cause d'elle – peut-être à cause de sa supplication particulière – qu'ils n'étaient pas allés plus loin ? Ou étaient-ils toujours en train de se battre jusqu'au bout, attendant d'être au large avant de s'en débarrasser, afin qu'il n'y ait aucune chance que son corps révélateur s'échoue le long de la côte pour être reconnu et chercher des indices ? Il se demandait si quelqu'un l'avait vu monter à bord du *Karluk* avec Lund, quelqu'un qui s'en souviendrait et mentionnerait les circonstances dans lesquelles il avait été porté disparu.

Cela pourrait prendre un jour ou deux. Au bureau, ils se demandaient pourquoi il ne se présentait pas pour s'occuper de ses affaires, car il avait été stable dans son travail. Mais ils ne soupçonneraient pas au début un acte criminel. Il n'avait pas de famille immédiate. Sa logeuse logeait d'autres journalistes et était habituée à leurs caprices. Et pendant tout ce temps, le *Karluk* se dirigeait vers le nord, loin au large, sans être aperçu peut-être pendant tout son voyage, le long de cette côte de brouillards.

Rainey avait disparu, hors de vue. Il ferait la une des merveilles pendant une journée, puis passerait aux paragraphes pendant environ un jour de plus, et ce serait la fin.

Mais ils l'avaient mis à l'aise. Il n'était pas dans un gaillard d'avant malodorant, mais dans une couchette dans une cabine qui devait ouvrir sur la pièce principale de la goélette. Pourquoi l'avaient-ils traité avec une telle considération ? Il s'assoupit, malgré toute sa misère, épuisé par ses efforts pour démêler le grognement. Lorsqu'il se réveilla, sa bouche était collée par la soif.

La goélette luttait toujours contre la mer – contre le vent aussi, pensait Rainey –, naviguant au près, vers le nord, à contre-courant du commerce. Il chercha sa montre. Il était en panne. Sa tête lui faisait terriblement mal. Chaque cheveu semblait situé dans un centre nerveux de la douleur. Mais il allait mieux.

Derrière sa soif se trouvait désormais la faim, et l'apathie qui l'avait retenu dans une réflexion vaine avait cédé la place à une énergie qui le poussait à l'action et à la découverte.

Alors qu'il s'asseyait sur sa couchette, tout habillé comme il était monté à bord, la porte de sa cabine s'ouvrit et le médecin apparut, hocha froidement la tête en voyant Rainey bouger, disparut un instant et apporta une sorte de potion dans un verre. verre long.

"Prends ça", dit Carlsen. « Rassemblez-vous. Ensuite, nous vous donnerons de la nourriture. »

L'insolence calme de l'attitude du médecin, ignorant tout ce qui s'était passé, semblait envoyer tout le sang du corps de Rainey fulminer jusqu'à son cerveau. Il prit le verre et jeta son contenu au visage de Carlsen. Le médecin esquiva et l'étoffe éclaboussa contre le mur de la cabine, quelques gouttes seulement atteignant le manteau de Carlsen, qu'il essuya avec son mouchoir, sans l'ébouriffer.

"Ne soyez pas un foutu imbécile", dit-il à Rainey, sa voix égale et irritante. " As-tu peur qu'il soit drogué ? Je ne serais pas si maladroit. J'aurais pu te donner une solution hypodermique pendant que tu dormais, suffisamment pour te garder inconscient pendant autant d'heures que je veux – ou pour toujours.

"Je vais vous mélanger une autre dose - une de plus - à prendre ou à laisser. Prenez-la et vous vous sentirez bientôt à nouveau après que Tamada vous aura nourri. Ensuite, nous réglerons la situation. Laissez-la et je me laverai. mes mains. Vous pouvez aller de l'avant , vous coucher avec les hommes et faire le sale boulot.

Il parlait avec le calme de celui qui contrôle la goélette, a noté Rainey, plutôt en tant que capitaine que chirurgien. Mais Rainey sentit qu'il s'était ridiculisé et il prit la deuxième boisson, qui le soulagea presque instantanément, nettoyant sa bouche et sa gorge et, tandis que son mal de tête s'apaisait, clarifiant son cerveau.

"Pourquoi m'as-tu drogué ?" il a ordonné. "Assez autoritaire. Je peux te faire payer pour ça."

"Oui ? Comment ? Quand ? Nous sommes bien au large du cap Mendocino, en direction du nord-ouest ou à peu près. Rien entre nous et Unalaska que du brouillard et des eaux profondes. Avant de rentrer, vous verrez le paiement sous un jour différent. Nous" "Je ne suis pas des pirates. C'était une simple affaire. Un million ou plus en vue.

"Lund a failli renverser des choses telles quelles, en délirant comme il l'a fait. C'est étonnant que quelqu'un ne l'ait pas entendu avec assez de bon sens pour s'effondrer.

"Nous n'avons pris aucun risque. Nous avons rassemblé l'équipage et sommes sortis. L'homme qui a découvert de l'or pense que tout le monde le surveille. C'est un risque réel. S'ils nous suivaient, ils nous évinceraient de la plage. ... Je suppose que personne ne nous a suivis, s'ils l'ont fait, nous les avons perdus dans ce brouillard.

"Mais nous n'avons pris aucun risque après le décollage de Lund. Il l'a peut-être fait à terre avant que vous ne l'ameniez à bord. Je ne pense pas. Mais il pourrait le faire. Et vous aussi, plus tard."

Je t'aurais donné ma parole."

"Et j'avais l'intention de le garder. Mais vous auriez été un facteur incertain, un maillon faible. Vous l'auriez peut-être donné dans votre sommeil. Vous en avez entendu suffisamment pour comprendre la localité générale de l'île lorsque Lund l'a laissé échapper. Vous saviez Supposons que les *Karluk* combattent jusqu'à la baie de Kotzebue et trouvent une douzaine de navires à moteur qui traînent dans les parages, attendant que nous les conduisions à la plage ? Et nous nous serions inquiétés tout au long du chemin, avec vous en liberté . journaliste. La suppression de ce sujet vous aurait obsédé et aurait pesé sur votre conscience journalistique.

"Je ne suppose pas que votre salaire dépasse largement trente par semaine, n'est-ce pas ? Maintenant, vous voilà prêt à vivre une véritable aventure, mieux que de glaner des ragots sur les quais, pour un homme au sang rouge. Si nous gagnons... et vous avez vu l'or - *vous* gagnez. Nous espérons vous en donner une part. Nous ne l'avons pas encore accepté, mais ce sera suffisant. Plus que ce que vous gagneriez en dix ans, probablement, plus que ce que vous gagneriez. soyez capable d'économiser dans votre vie. Nous vous avons kidnappé pour votre propre bien. Vous êtes un prisonnier *de luxe* , à la tête du navire.

"Je peux travailler mon passage", a déclaré Rainey. Il pouvait voir la force de l'argumentation du médecin, même s'il n'aimait pas cet homme. Il ne faisait pas confiance au docteur, même s'il pensait qu'il jouerait honnêtement pour l'or. Mais c'était drôle, le fait qu'il prenne le contrôle.

« Vous avez un peu voyagé ? » demanda Carlsen.

"Oui."

« Pouvez-vous naviguer ?

Rainey crut percevoir une certaine insistance dans cette question.

"Je peux apprendre", a-t-il déclaré. "J'en ai une idée générale."

"Ah!" Le médecin parut écarter le sujet avec un certain soulagement. "Eh bien," poursuivit-il, "êtes-vous ouvert à la raison... et à la nourriture ? Je suis désolé pour vos amis et vos gens à terre, mais vous n'êtes pas le premier prodigue à revenir avec le veau gras au lieu d'en avoir faim. ".

"Cette partie-là est très bien", a déclaré Rainey. Il n'y avait aucune aide pour faire face à la situation, sauf pour en tirer le meilleur parti. "Mais j'aimerais vous poser une question."

"Vas-y. Tu as une cigarette ?"

Rainey aurait préféré le prendre à quelqu'un d' autre, mais l'odeur du tabac brûlé, alors que Carlsen l'allumait, lui donnait une envie irrésistible de fumer. De plus, il ne suffirait pas que le médecin sache qu'il se méfiait de lui. S'il devait faire partie de la vie du navire, il n'y avait aucun sens à agir de manière mesquine. Il prit la cigarette, accepta la lumière et inspira avec reconnaissance.

"Quelle est la question?" » demanda Carlsen.

"Vous n'étiez pas présent lors du dernier voyage. Vous n'étiez pas partie prenante à l'accord initial. Mais je trouve que c'est vous qui parlez, qui me faites des offres. Vous m'avez drogué de votre propre impulsion. Où est le capitaine ? Comment se comporte-t-il ? cette affaire ? Pourquoi n'est-il pas venu me voir ? Quelle est votre note à bord ?

« Vous demandez beaucoup pour un étranger, il me semble, Rainey. Je suis venu vers vous en partie en tant que médecin. Mais je parle au nom du capitaine et de l'équipage. Ne vous inquiétez pas pour ça.

« Et Lund ? Rainey n'a pas pu résister au tir. Il avait compris que le médecin en voulait à Lund.

Les yeux de Carlsen se plissèrent.

"Lund sera pris en charge", a-t-il déclaré et, pour sa vie, Rainey ne pouvait pas juger cette déclaration comme une menace ou une promesse amicale. "Quant à mon statut, j'espère être le gendre du capitaine Simms dès que le voyage sera terminé."

"Très bien", dit Rainey. L'annonce de Carlsen l'a surpris. D'une manière ou d'une autre, il ne pouvait pas considérer la jeune fille comme la fiancée du médecin. "Je suppose que le capitaine peut mentionner cette affaire", a-t-il demandé, "pour la cimenter ?"

"Il le peut", répondit énigmatiquement Carlsen. « Tu as envie de te lever ?

Rainey se leva et baigna le visage et les mains. Carlsen a quitté la cabine. La pièce principale était vide lorsque Rainey entra, mais il y avait une place mise à table. À travers la lucarne, il remarqua, alors qu'il jetait un coup d'œil à la boussole révélatrice au plafond, que le soleil était bas vers l'ouest.

La cabine principale était bien aménagée en bois dur, avec des coussins rouges sur les traverses et une plante rampante suspendue ici et là. Un canari gazouilla et se mit à chanter. Tout cela était convivial, inoffensif. Pourtant, il avait été drogué à la même table peu de temps auparavant. Et maintenant, on lui promettait une part de l'or non récolté . C'était loin de revenir à son bureau du *Times* .

Un Japonais entra, robuste, vêtu de blanc, adroit, poli, incurieux. Il avait apporté du jambon et des œufs, du café fort, des tranches de pêches en conserve, du pain et du beurre. Il servit tandis que Rainey mangeait de bon cœur, sentant son ancien moi revenir avec la nourriture, surtout avec le café.

"Merci, Tamada ", dit-il en repoussant enfin son assiette.

"Tout va bien , monsieur ?" ronronna le Japonais.

Rainey hocha la tête. Le « monsieur » était rassurant. Il a été accepté comme personne à bord du *Karluk* . Tamada s'éloigna rapidement et Rainey chercha ses propres cigarettes. Il hésita un peu à fumer dans la cabine, pensant à la jeune fille, se demandant si elle était sur le pont, où il comptait aller. Quelqu'un ronflait dans une cabine à côté de la cabine, et il crut, à en juger par le volume, que c'était Lund.

Après tout, c'était un équipage divisé. Car il savait que Lund, handicapé par sa cécité, se méfierait perpétuellement de Simms. Et le médecin était contre Lund. La position de Rainey elle-même était un paradoxe.

Il se dirigea vers la descente, et un léger bruit le fit se retourner vers la jeune fille. Elle le regarda avec désinvolture alors que Rainey, à son grand mécontentement, rougit.

"Bon après-midi", dit Rainey. "Tu vas sur le pont ?"

Ce n'était pas une introduction intelligente, mais elle semblait lui voler son esprit, dans une certaine mesure. Il ne savait pas encore quelle était sa position concernant sa présence à bord. A-t-elle accepté son enlèvement forcé en tant que bavard potentiel ? Ou-?

"Mon père me dit que tu as décidé de venir avec nous", dit-elle, assez agréablement, mais pas très cordialement, pensa Rainey.

"Le docteur Carlsen m'a aidé à prendre ma décision."

Elle ne semblait pas considérer cela comme une poussée, mais se balançait légèrement selon l'inclinaison du navire, le regardant avec des yeux graves et appréciateurs.

"Vous n'allez pas bien", dit-elle. "J'espère que tu vas mieux. As-tu mangé ?"

Rainey commença à penser qu'elle ignorait les faits. Et il décida de les ignorer. Il n'y avait rien à gagner à lui dire des choses contre son père – et encore moins contre son fiancé, le médecin.

"Merci, je l'ai fait", dit-il. "J'allais chercher M. Lund."

La phrase décrivait un soudain changement d'avis. Il ne voulait plus monter sur le pont avec la jeune fille. Ils ne devaient pas être intimes. Elle devait épouser Carlsen. C'était un étranger. Carlsen le lui avait dit. Elle semblait donc le considérer de manière impersonnelle, sans intérêt. Cela l'a piqué.

"M. Lund est dans la cabine du second", dit la jeune fille en désignant une porte. "M. Bergstrom, qui était second, est mort en mer lors du dernier voyage. Le docteur Carlsen fait office de navigateur avec mon père, mais il a une autre chambre."

Elle le dépassa et monta sur le pont. Carlsen agissait en tant que second et chirurgien. Cela signifiait qu'il avait le sens marin. De plus , ils n'avaient recruté aucun remplaçant, aucun autre homme pour grossir la petite corporation de chasseurs de fortune qui connaissaient le secret, ou une partie de celui-ci. C'était inhabituel, mais Rainey haussa les épaules et frappa à la porte de la cabine.

Il fallut frapper fort pour réveiller Lund. Enfin , il rugit : « Entrez ».

Rainey le trouva assis au bord de sa couchette, vêtu de ses sous-vêtements, ses lunettes en place. Rainey se demandait s'il dormait dedans. L'étrange intuition de Lund semblait lire la pensée. Il tapota les lentilles.

"Je déteste les enlever", dit-il. "La lumière me fait mal aux yeux, même si le nerf optique est mort. Il semble traverser. Comment vous en sortez -vous ?"

Rainey a fait profiter pleinement à Lund de sa cécité. Le géant ne pouvait pas savoir ce que pensait le médecin, mais il a dû apprendre quelque chose. Lund n'était pas du genre à se contenter de demi-réponses et estimait sans aucun doute qu'il détenait un intérêt exclusif dans le *Karluk* du fait qu'il était le propriétaire initial du secret. Rainey se demanda s'il avait senti l'attitude du médecin dans cette direction, attitude exprimée en grande partie par l'expression du visage de Carlsen, toujours légèrement ricanant.

"Vous savez qu'ils m'ont drogué", a terminé Rainey en récitant l'entretien qu'il a eu avec le médecin.

"Knockout drops? Je l'ai deviné. Ce médecin est habile. Eh bien, vous n'avez pas grand-chose à trouver, n'est-ce pas? Carlsen a parlé de bon sens. Vous voilà sur le chemin de la fortune. Je veillerai autrefois à ce que votre part soit équitable. Il y en a plein. Ce n'est pas un mauvais cantonnement dans lequel tu es tombé, mon garçon. Mais je veillerai sur toi. Je suis en quelque sorte responsable de ton voyage d'autrefois, tu vois, mon pote . Et j'aurai besoin de toi. "

Il baissa mystérieusement la voix.

" Vous êtes écrivain, Monsieur Rainey. Vous avez de l'intelligence. Vous pouvez voir dans quelle direction les choses se dirigent. Vous en avez assez entendu. Je suis aveugle. J'ai fait des saletés une fois à bord du *Karluk* , et je ne "Je n'ai pas pour objectif de le défendre à nouveau . Et j'avais mes yeux, alors. Inutile de vivre dans un chahut. Je dois surveiller. Je dois garder les yeux ouverts.

"Et je n'ai pas d'yeux. Vous en avez. Utilisez- les pour nous deux. Je ne vous demande pas exactement de prendre parti. Mais j'ai des raisons de me méfier. Je n'appelle pas le capitaine. *L'honnête* Simms n'est plus. Et je ne suis pas coincé avec ce médecin. Il est trop autoritaire. Il a le skipper sous sa coupe. Et il y a quelque chose de drôle à propos du skipper .

"Eh bien, je ne le connais pas", a déclaré Rainey. "Il n'a pas l'air très bien, d'après ce que j'ai vu de lui. Une seule fois."

"Il est logey ", a déclaré Lund en toute confidentialité. "Ce n'est plus le même homme. Peut-être que c'est sa conscience. Mais ce médecin le dirige ."

"Il va épouser la fille du capitaine", a déclaré Rainey.

" La fille de Simms ? Carlsen va l'épouser ? Ump ! Cela peut expliquer la présence de lait dans la noix de coco. Elle m'est inconnue. Elle vivait à terre avec son oncle et sa tante, me dit-on. Carlsen était le médecin de famille. Maintenant, elle est avec son père."

Son visage devint rusé, et il tendit la main vers le genou de Rainey, le trouva aussi facilement que s'il avait la vue, et le tapota pour le souligner.

"Cela donne une raison de plus pour que nous surveillions les choses, mon pote ", a-t-il poursuivi, presque dans un murmure. "S'ils m'ont joué une fois, ils recommenceront peut-être . Et ils ont toutes les chances, en détournant mes yeux. Mais je peux réussir un tour ou deux. Toi et moi, montons à bord ensemble. Tu me donnes une main. Restez avec moi, et je vous verrai plus tôt.

"Je ferai changer la couchette d'autrefois. Vous viendrez avec moi. Et nous en mettrons un ensemble . Nous serons amis. Traitez- les équitablement s'ils nous traitent équitablement. Mais n'oubliez pas Ils ont préparé du grog autrefois. Je n'ai rien à voir avec ça. Je peux être bloqué, mais, si la marée monte… "

Il enfonça profondément ses doigts puissants dans la jambe de Rainey, au-dessus du genou, avec une prise qui y laissa des bleus violets avant la fin de la journée.

"Nous deux, mon pote ", dit-il. "Maintenant, toi et moi aurons un tas de trucs qui ne sont pas dopés."

Il se déplaçait dans la petite cabane avec une liberté et une sûreté étonnantes, riant en manipulant la bouteille et les verres et en mesurant le whisky et l'eau.

" Quand tu es aveugle, dit-il en remplissant sa pipe de tabac noir, ce sont d'autres choses qui t'arrivent. Je connais le fonctionnement de ce vaisseau, les yeux bandés, pourrait-on dire. Je pourrais monter en altitude à la rigueur, ou la diriger. Encore du grog ?"

Mais Rainey s'est abstenu après le premier verre, bien que Lund ait continué à baisser la bouteille sans effet apparent.

"Alors tu es un peu marin ?" » demanda alors le géant. "Et un érudit. Vous pouvez naviguer, je n'en doute pas ?"

"J'espère avoir l'occasion d'apprendre pendant le voyage", a répondu Rainey. "Je connais les principes généraux, mais je n'ai jamais essayé d'utiliser un sextant. Je vais demander l'aide du skipper. Ou de Carlsen."

" Carlsen ! Que diable sait un médecin à propos de la navigation ? " » demanda Lund.

Rainey lui raconta ce que la jeune fille avait dit, et le géant grogna.

"J'ai des doutes quant à leur capacité à vous aider un jour", a-t-il déclaré. "J'aurais aimé pouvoir le faire. Mais ça serait dur sans mes yeux. Et je n'ai ni sextant ni livre de tables. C'est dommage."

Sa déception semblait profonde et Rainey ne parvenait pas à la comprendre. Pourquoi Lund et Carlsen semblaient-ils avoir insisté sur ce point ? Pourquoi le médecin était-il soulagé et Lund déçu de son ignorance ?

Alors qu'ils sortaient ensemble de la cabine, plus tard, Lund puant l'alcool qu'il avait absorbé, tout en restant parfaitement sobre, sa main posée sur l'épaule de Rainey, peut-être pour le guider mais avec une démonstration de familiarité, Rainey vit la jeune fille le regarder avec un regard familier. un regard où le mépris se dévoila. Il était clair que son intimité avec Lund n'allait pas le faire progresser en sa faveur.

CHAPITRE III

PRATIQUE CIBLE

Le *Karluk* était une goélette de quatre-vingt-cinq tonnes, du type Gloster Fisherman, d'une longueur de quatre-vingt-dix et d'une largeur de vingt-cinq pieds. Son énorme étendue de toile, tendue à l'extrême à toutes les occasions possibles par le capitaine Simms, était compensée par le pendule de plomb qui constituait sa quille, et il pouvait glisser sur la mer à douze nœuds sur sa meilleure allure, atteignant... le vent derrière son travers.

Après que Rainey eut démontré au volant qu'il en avait la maîtrise et qu'il possédait le pied marin, pas mal d'embarcations et, ce que les marins ne possédaient pas, de l'initiative, le capitaine Simms le nomma second.

"En règle générale, nous n'en transportons pas", a déclaré le skipper. "Mais ça te donnera une note et le droit de manger dans la cabine." Il n'avait pas abordé le sujet de l'enlèvement de Rainey, et Rainey laissa tomber. Il ne servait à rien de discuter de l'inévitable. La note et le tarif de la cabine semblaient offerts en guise d'excuses, et il était prêt à les accepter.

Carlsen a agi en tant que second et Rainey a dû le reconnaître efficace. Il pensait que cet homme devait être un chirurgien de bord et il a donc acquis son matelotage. Après quelques jours, Carlsen, à l'exception des observations de midi avec le capitaine et de l'établissement des comptes, a laissé ses tâches en grande partie à Rainey, qui était assez content de cette expérience. Un marin nommé Hansen a été promu quartier-maître par intérim et a relevé Rainey. Carlsen passait la plupart de son temps à s'occuper de la jeune fille ou à discuter avec les chasseurs, avec lesquels il apparut bientôt en termes d'intimité.

Les chasseurs s'estimaient au-dessus des marins, comme eux, en termes d'intelligence et de capacité de gain. Les gaillards d'avant faisaient parfois office de conducteurs de bateaux et de rameurs pour les chasseurs, chacun d'entre eux possédant son propre bateau pour abattre les phoques en croisière.

Il y avait six chasseurs et douze matelots, à l'extérieur d'un fourgon général nommé "Sandy", qui nettoyaient le gaillard d'avant et les quartiers des chasseurs, où ils se démenaient, et aidaient Tamada , le cuisinier, dans la cuisine avec ses casseroles et plats. Mais maintenant, il n'y avait plus de travail en perspective pour les chasseurs, et ils se prélassaient sur le pont ou dans les quartiers du milieu du navire, filant des fils ou jouant au poker. Ce voyage, ils recherchaient l'or, pas les phoques.

" Conformément à l'accord, " dit Lund à Rainey, " l'or doit être divisé en cent parts. Une pour chaque marin, et ils contribuent pour le garçon. Deux pour les chasseurs, deux pour le cuisinier, quatre pour le garçon. " pour Bergstrom, le second, décédé en mer. Vingt pour la « part du navire ». Cinquante actions à partager entre Simms et moi. »

« Quelle est la « part du navire » ? » demanda Rainey.

"Représente un investissement en capital. En fait, cela appartient à la fille", a déclaré Lund. "Simms lui a donné le *Karluk* . Il est à son nom avec l'assurance."

"Alors lui et sa fille reçoivent quarante-cinq actions, et vous seulement vingt-cinq ?"

"Vous avez bien compris", sourit Lund. "Simms n'est pas un philanthrope. Ce n'était pas si facile pour moi de demander à quelqu'un de venir avec moi, mon fils. Je ne suis pas le premier homme à arriver avec des nouvelles d'une grève. Et j'avais rien à montrer. Pas même une couleur d'or. Rien que la parole d'un Aléoute mort, mon propre jugement , et ma propre vue d'une île sur laquelle je n'ai jamais débarqué. En fait, l'honnête Simms était le seul C'est seulement sa malchance qui l'a poussé à tenter sa chance pour l'or au lieu de garder les peaux.

"Et nous avions un accord dur et serré rédigé sur papier, signé, témoigné et enregistré. Bien sûr, cela le tient aussi bien que moi, mais il a le long bout de *ce* bâton. Quand je lis , ou on m'a lu, dans le Seattle *News-Courier* , que le *Karluk* était répertorié comme « arrivé » à San Francisco, c'était tout ce que je pouvais faire pour acheter un billet de voiture et de l'argent. Si je n'avais pas été aveugle, et certains d' entre eux à moitié humains par rapport à un homme avec ses lumières éteintes, je ne l'aurais jamais soulevé. Je serais arrivé ici d'une manière ou d'une autre , mon pote , si j'avais dû marcher, mais je l'aurais fait. Je suis arrivé un peu tard, alors j'aurais dû attendre que Simms revienne , et je suis mort de faim.

"Mais je suis là et j'ai mon mot à dire. Une chose, tu vas prendre la part de Bergstrom. Je m'en fous de l'endroit où le médecin intervient. S'il épouse la fille , il" Je vais lui donner vingt actions, Ennyway . Même s'il ne l'a pas encore épousée. Et je n'en ai pas encore fini avec Simms, ajouta-t-il avec une emphase un peu sombre, pensa Rainey.

"L'équipage, chasseurs et marins, ne semble pas très heureux de me revoir", a poursuivi Lund. " Peut-être qu'ils ont pensé que leurs actions seraient plus grandes. Peut-être que le doc m'a piqué. Il se moque beaucoup d' eux . Mais je t'en parlerai plus tard. C'est moi et toi contre . le reste , me semble-t-il, Rainey. Le doc vise à être le Big Boss à bord de cette goélette. Il a fait buffler le capitaine. Mais pas moi, pas d'un pouce.

Il frappa si violemment son gros poing contre le côté de la couchette qu'il sembla ébranler la cabine. Le coup était typique de cet homme, décida Rainey. Il éprouvait pour Lund non pas exactement une sympathie, mais une attirance, une certaine admiration forcée. Le géant était élémentaire, avec en lui une force motrice dynamique et magnétique. Quel magnifique pirate il aurait fait, pensa Rainey, en regardant ses magnifiques proportions et en considérant les philosophies grossières qui ressortaient de son discours.

"Je suis dans la vie pour le butin, Rainey", a déclaré Lund. « De la nourriture et une boisson pour me chatouiller la langue et remplir mon ventre, la femme que je veux, et pouvoir acheter tout ce qui me plaît. La réponse à cette question est l'or. Avec lui, vous pouvez acheter la plupart des choses . Pas toutes les femmes , je vous l'accorde. Pas le genre de femme que je voudrais pour un compagnon stable. C'est une chose que j'ai découvert ne peut pas être achetée, mon fils, l'honneur d'une bonne femme. Et c'est le genre de femme que je recherche .

"Je pense que tu as haussé les sourcils à cause de ça ?" il a défié Rainey. "Mais l'autre type, qui se vendra tout seul , vous vendra des plaisanteries aussi vite - et plus vite. Je pataugerais dans le feu de l'enfer jusqu'aux hanches pour trouver le bon type - et pour le retenir. Et" Je vais me démener pour récupérer ce qui m'arrive comme chance, ou m'effondrer en essayant . C'est mon or, et je vais m'en occuper . Si quelqu'un essaie de swizzle "Je vais m'en sortir, je vais revenir en arrière, et vous pouvez vous en occuper. Sans oublier ceux qui sont à mes côtés."

Entre Lund et Simms existait une sorte de trêve armée. Aucune référence ouverte n'a été faite à la désertion de Lund sur la banquise. Mais Rainey savait que cela dérangeait Lund. Les cinq, Peggy Simms, son père, Carlsen, Lund et Rainey, s'amusaient ostensiblement ensemble, mais les fonctions de Rainey le maintenaient généralement sur le pont jusqu'à ce que Carlsen ait suffisamment terminé son propre repas pour le soulager. A ce moment-là, la jeune fille et le capitaine avaient quitté la table.

Lund attendait invariablement Rainey. Tamada leur gardait la nourriture au chaud. Et il les servit, Lund jouant avec une cuillère ou une fourchette et un morceau de pain, le Japonais coupant commodément ses viandes à l'avance.

Pour Rainey, Tamada semblait être l'homme le plus travaillé à bord du navire. Il avait trois plats à cuisiner et il était occupé du matin au soir, efficace, infatigable et d'humeur égale. L'équipage, bien qu'ils reconnaissaient son talent, était californien, de naissance ou d'adoption, et les préjugés raciaux contre les Japonais étaient évidents.

Une semaine de bon vent a été suivie d'un temps sale. Le *Karluk* s'est avéré un bon combattant, bien que sa progression ait été sensiblement ralentie par le vent et la mer contraires, et la persistance et l'opposition croissante de la tempête semblaient avoir un effet correspondant sur le capitaine Simms.

Il devenait chaque jour plus irritable et morose, même envers sa fille. Seul le médecin semblait capable de s'entendre avec lui en termes faciles, et Rainey remarqua que, aux yeux de Carlsen, le capitaine semblait conciliant même avec déférence.

Peggy Simms regardait son père avec des yeux inquiets. L'aspect curieux et terni de sa peau bronzée grandissait jusqu'à ce que la chair paraisse continuellement sèche et d'une couleur terreuse ; ses lèvres s'ouvrirent et plus d'une fois il trembla comme s'il avait un frisson.

Le onzième jour d'excursion, Rainey descendit en milieu d'après-midi chercher ses bottes de mer. Le vent s'était soudainement renforcé et, sous les récifs, le *Karluk* s'inclinait largement jusqu'à ce que la mer sifflante inonde les dalots et créme même avec le rail sous le vent. Dans la cabine principale, il trouva Simms assis sur une chaise avec sa fille penchée sur lui, lui parlant d'une voix dure et plaintive.

"Non, tu ne peux rien faire pour moi", disait-il. "C'est cette sciatique. Je dois aller chercher Carlsen."

Alors que Rainey traversait sa propre petite cabine, aucun d'eux ne le remarqua, mais il vit que le capitaine frissonnait, ses mains triturant presque convulsivement la nappe.

"Où est Carlsen, maudis-le !" Rainey entendit à travers la cloison de sa cabine. " Dites -lui que je n'en peux plus. Il doit m'aider. Je dois le faire. *Je dois le faire.* "

Alors que Rainey apparaissait, marchant lourdement dans ses bottes, la jeune fille leva les yeux. Son père était affalé sur sa chaise, le visage enfoui dans ses bras croisés. La jeune fille lui jeta un regard dubitatif, apparemment incertaine si elle devait aller elle-même retrouver Carlsen ou rester avec son père.

« Que puis-je faire, Miss Simms ? Votre père semble très malade.

L'hésitation de la jeune fille à lui parler était très claire pour Rainey. Soudain, elle releva le menton.

"Veuillez trouver le docteur Carlsen", ordonna-t-elle plutôt que de demander. "Demandez-lui de venir dès qu'il le peut. Je—" Elle se tourna vers son père, incertaine.

"Puis-je vous aider à le faire entrer dans la cabine ?" » demanda Rainey.

Elle le remercia des lèvres, pas des yeux, et il l'aida à déplacer l'homme presque impuissant dans sa chambre et sa couchette. Il était comme un sac en peluche entre eux, sauf que son corps se contractait. Alors que Rainey prenait la majeure partie du poids, il s'émerveillait de la force de la jeune fille mince et de la manière dont elle l'appliquait. Simms semblait s'être évanoui, au bord de l'inconscience ou même de l'effondrement total. Rainey toucha son poignet et le pouls était presque imperceptible.

"Je vais appeler le médecin immédiatement", a-t-il déclaré.

Elle lui fit un signe de tête, frottant les mains de son père, son propre visage pâle et une expression de peur anxieuse dans les yeux.

"Une sorte de sciatique très drôle", se dit Rainey alors qu'il se précipitait vers l'avant. Il savait où se trouvait Carlsen, dans les quartiers confortables des chasseurs, en train de jouer au poker. Grâce aux jetons devant lui, il avait largement gagné.

"Le capitaine est malade", a déclaré Rainey. "Pas de pouls. Presque inconscient."

Carlsen haussa les sourcils.

"Je ne savais pas que vous étiez médecin", a-t-il déclaré. "Juste un de ses sorts. Je vais terminer cette main. Trop beau pour me coucher. Le skipper peut attendre pour une fois."

Les chasseurs souriaient tandis que Carlsen prenait son temps pour piocher ses cartes, faire ses mises et finalement remporter le pot sur trois dames.

"Je me demande quel est ton vrai jeu ?" » se demanda Rainey en affectant de regarder la pièce. Selon sa propre déclaration, Carlsen négligeait délibérément le père de la jeune fille qu'il devait épouser et en même temps méprisait le capitaine envers ses propres hommes. Carlsen piochait ses jetons et notait tranquillement le montant.

"Il reste encore beaucoup de temps avant le jour du règlement", a-t-il déclaré aux joueurs. "La chance pourrait tourner autour de la boussole d'ici là, les garçons. Très bien, Rainey, vous n'avez pas besoin d'attendre."

Rainey a ignoré le « Monsieur » omis. Il avait le respect des marins, puisqu'il avait montré ses capacités, mais il savait que les chasseurs le considéraient avec une tolérance amusée qui manquait de peu de respect. Pour eux, il n'était qu'un marin amateur. Rainey pensait que le médecin avait contribué à cette attitude, et cela n'a pas diminué son score contre Carlsen.

Le capitaine ne se présenta pas ce jour-là, ni le lendemain, ni le lendemain. Les hommes ont commencé à rouler des yeux lorsqu'ils ont demandé des nouvelles de sa santé. Carlsen gardait son propre conseil et Peggy Simms passait la plupart de son temps dans la cabine principale, les yeux toujours tournés vers la porte de son père. Rainey remarqua que Tamada n'apportait aucune nourriture au malade. Carlsen était apparemment le contrôleur de la goélette. Lund ne tarda pas à le sentir.

"Nous devons bloquer le match de Carlsen", a-t-il déclaré à Rainey. "Il y a un nègre dans le tas de bois quelque part et toi et moi devons le découvrir, mon pote , avant d'atteindre le détroit de Béring, ou toi et moi finirons ce voyage accroupis sur les rochers de l'une des quatre îles des montagnes en faisant " visages aux mouettes.

"J'aimerais que tu puisses te mettre dans la peau de ce Japonais. Inutile d' essayer de te mêler à l'équipage ou aux chasseurs. Ils sont contre nous deux - du moins, les chasseurs le sont. Les mains ne le font pas. compte. Ce sont du pur hasch.

Lund parlait avec un mépris absolu envers les marins qui était caractéristique de cet homme.

"Tu crois qu'ils mettraient un aveugle à terre de cette façon ?" » demanda Rainey.

" Carlsen le ferait. Dans une minute . Il dirait que vous pourriez veiller sur moi, vu que nous sommes amis. Quant à vous, vous êtes très utile, mais vous ne pouvez pas naviguer, et " vous " J'ai contribué à former Hansen à son travail d'antan. Vous étiez sur le chemin au début, et il plaisanterait aussi vite qu'il se débarrassera de vous sur ce chemin-là comme sur un autre. Il n'a pas l'intention que vous ayez la part de Bergström, de loin en loin. "

Lund sourit en parlant, et Rainey sentit un petit frisson lui donner la chair de poule sur tout le corps. Ce n'était pas exactement de la peur, mais...

"Ils ne nous considèrent pas comme *des mascottes* ", a poursuivi Lund. "Mais revenons à ce Japonais. Un homme averti est un homme d'avant-bras. Il n'est pas plus que apprécié, mais ils se sont habitués à ce qu'il fasse des allers -retours avec leur bouffe, et ils le méprisent en quelque sorte depuis un moment. coolie à la peau jaune.

"Maintenant, Tamada ce n'est pas un coolie. Je connais les Japonais. Il est un cran au-dessus de son travail. Cuisine assez bien pour un superbe billet à terre s'il le voulait. Et "il ne se passe pas grand-chose " sur ce Tamada ce n'est pas sage de le faire. Voyez si vous ne pouvez pas vous approcher de lui. Trubble , c'est qu'il est trop neutre. Il sait qu'il est en sécurité, parce qu'il est un très bon cuisinier. Mais il sait à quoi joue Carlsen .

"Carlsen ne se soucie pas de l'homme, de la femme, de Dieu ou du diable. Moi non plus", a-t-il conclu. "Et j'ai une carte ou deux dans ma manche. Mais j'aimerais bien jeter un coup d'oeil à ce que le docteur tient ."

La tempête s'est calmée et le temps est devenu agréable, le *Karluk* glissant, enregistrant une vitesse raisonnable là où un navire moins bien conçu aurait à peine trouvé son chemin, naviguant sur une quille presque égale. Simms était toujours confiné dans sa cabine, même si désormais sa fille l'emmenait occasionnellement dans un plateau.

Hormis les observations et les détails de navigation, Carlsen a laissé la goélette à Rainey. Ils étaient bien au large de la côte, hors des brouillards, apparemment seuls sur l'océan solitaire qui s'étendait scintillant jusqu'à l'horizon lointain. Il faisait chaud, il n'y avait pas grand-chose à faire, les marins comme les chasseurs passaient la plupart de leur temps à se prélasser sur le pont.

Sauf aux heures des repas, Carlsen, pour quelqu'un qui s'était annoncé comme un amant accepté, négligeait la jeune fille qui s'était dévouée à son père. Pourtant, elle rentrait rarement dans sa cabine, n'y restait jamais longtemps, et le temps devait peser lourdement sur ses mains. Une fille de son esprit devait être mécontente d'un tel traitement, imagina Rainey, mais se rappela que ce n'était pas ses affaires.

Lund se suspendait au bastingage, fumait, ou faisait les cent pas sur le pont, toujours près de Rainey. La manière dont il se déplaçait à bord du navire était presque étrange. Sauf que ses bras étaient généralement devant lui lorsqu'il bougeait, ses mains, recouvertes de laine et de cheveux roux, touchant légèrement la flèche, la corde ou le rail, il ne montrait aucune hésitation, ne commettait aucune erreur.

Il ne se déplaçait plus comme à terre, mais se déplaçait avec une dextérité de panthère, ici et là à volonté. Lorsque la brise était stable , il prenait même le volant et dirigeait parfaitement par la "sensation du vent" sur sa joue, le claquement de celui-ci dans la toile, ou le craquement du gréement pour lui dire s'il tenait le cap. . Et il prenait un plaisir presque enfantin à proclamer ses prouesses de timonier.

Les barrages étaient maintenus en place pour résister aux mouvements des failles et au roulis de la mer, et Lund allait et venait derrière Rainey, qui tenait le volant. Les chasseurs étaient groupés autour de Carlsen, qui, assis sur la lucarne, leur disait quelque chose qui les faisait rire à intervalles fréquents.

" Leur filer quelques-unes de ses histoires cochonnes ", grogna Lund en s'arrêtant dans sa promenade. "Mauvais pour la discipline, et mauvais pour nous. C'est le genre d'oiseau aux belles plumes qui ne donnerait pas un premier coup d'œil à ces types à terre. Être solide avec eux de cette façon est un mauvais bouvillon. Vous ne pouvez pas gérer un homme avec qui tu te fais un ami, alors qu'il n'a pas un rang antérieur.

"Carlsen est paresseux, mais c'est un bon marin", dit Rainey avec désinvolture.

"Putain de meilleur marin que docteur", rétorqua Lund. "Vous l'avez entendu l'autre matin quand je lui ai demandé s'il pouvait me donner quelque chose pour soulager mes yeux qui me faisaient mal ? 'Je ne suis pas un ophtalmologiste', dit- il . 'Essayez de l'acide boracique, mon homme. ' Je ne mettrais pas dans mes yeux quoi que ce soit *qu'il* me donnerait, vous pouvez en être conscient. Il me donnerait du vitriol, s'il pensait que je l'utiliserais. Je ne le laisserais pas soigner un de mes chats malades. " C'est le genre de médecin qui utilise son titre pour lui donner des privilèges avec le Wimmin. Je connais son genre. "

Rainey se demanda pourquoi Lund avait demandé une lotion à Carlsen s'il n'avait pas l'intention de l'utiliser, mais il ne provoqua pas d'autres disputes. Lund continuait.

"Il ne fait pas du bien au skipper Enny , c'est certain."

"Le capitaine Simms semble croire en lui", répondit Rainey. Il se demandait dans quelle mesure la domination croissante de Carlsen sur le capitaine Lund avait remarqué.

"Simms est le chien de Carlsen !" » explosa Lund. "Le docteur a quelque chose sur lui, remarquez-moi. Carlsen est un mauvais œuf et, quand il éclora, vous verrez une buse. Et vous attendez qu'on ait besoin de lui comme médecin pour quelque chose qui prend plus de temps . quelques mots gentils ou lécher une bouteille.

Il y eut un émoi parmi les chasseurs. Lund tourna ses yeux à lunettes dans leur direction.

« Que font-ils maintenant ? » il a demandé. " Tu vas jouer au poker ? J'aimerais avoir mes yeux. Je leur montrerais comment lire les pips. "

Hansen arriva à l'arrière et proposa de prendre le volant.

"Ils ne veulent pas fermer leurs cibles", a-t-il déclaré . " Meester Carlsen , il a offert des prix. Pour une carabine et un fusil de chasse. J'ai pensé que vous aimeriez peut-être le regarder, monsieur."

Rainey a cédé les rayons et s'est rendu au bastingage tribord avec Lund, observant les préparatifs entre les mâts avant et principaux pour la compétition et racontant à Lund ce qui se passait. Carlsen a distribué des cartouches de fusil de chasse provenant de boîtes en carton, douze à chacun des six chasseurs.

"Les chasseurs paient leurs propres obus", a expliqué Lund. "Mais ils les achètent sur le navire. C'est l'avantage de mon pote . Ils ont généralement des cartouches sous la main pour les fusils, mais les étuis en papier des cartouches de fusil de chasse aspirent l'humidité et se conservent mieux dans le chargeur de la cabine. Quoi ils tirent sur ? Des bouteilles ?

Sandy, le routard, avait été réquisitionné pour lancer des bouteilles vides, et ceux qui échouaient le maudissaient d'être un mauvais lanceur. Un chasseur nommé Deming n'a rien manqué et a remporté le premier prix de dix dollars en or, avec un homme nommé Beale en marquant deux derrière lui et en obtenant la moitié de cette somme de Carlsen.

Puis vint le test avec les fusils. Les armes étaient toutes du même calibre, bien huilées et en parfait état. Comme Lund l'avait dit, chacun des chasseurs avait quelques obus en sa possession, mais il leur manquait de loin le total de six douzaines.

Carlsen descendit chercher les munitions nécessaires pendant que la cible était terminée et mise en place. Un fût avait été gréé avec un poids suspendu pour le maintenir droit, et une boîte de conserve, peinte en blanc, posée sur un court longeron à une extrémité du fût. Une ligne légère était attachée à une bride, et la marque était abaissée sur la poupe, où elle chevauchait, se balançant dans la queue du sillage de la goélette, à trente brasses du taffrail où la foule se rassemblait.

Carlsen, de retour, ordonna à Hansen de bien piloter. Il a donné à chaque concurrent une limite de dix secondes pour son objectif, apportant un élément de hasard qui a fait de la compétition un sport. Sans le décompte, chacun aurait délibérément attendu le moment le plus favorable où la goélette pendait dans l'auge et la canette blanche était adossée à l'eau verte. Dans l'état actuel des choses, il faisait une marque loin d'être facile, glissant, vacillant, plongeant lorsque le *Karluk* glissait sur une vague ou en rencontrait une nouvelle, la canette se brouillant souvent contre les gouttes d'écume.

Plus de balles touchaient le fût que la canette, et Carlsen était souvent appelé comme arbitre. Mais la boîte est progressivement devenue déchiquetée et tachée là où les missiles à enveloppe d'acier l'ont déchiré. Beale et Deming ont tous deux réussi cinq coups sûrs incontestés, se retrouvant à égalité pour le premier prix. Beale a proposé de tirer avec six obus supplémentaires chacun, et Deming a accepté.

"C'est impossible", a déclaré Carlsen. " Pas tout de suite, en tout cas. J'ai distribué le dernier obus qu'il y avait dans le chargeur. S'il y en a d'autres, le capitaine les a rangés et je ne peux pas le déranger. "

" C'est vraiment drôle, " dit Deming, " un chasseur timide avec les cartouches ! Heureusement que nous ne le sommes pas. je m'inquiète de cette sorte de cargaison.

"Il y en a probablement beaucoup à bord quelque part", a déclaré Carlsen, "mais je ne sais pas où ils sont. Désolé d'interrompre la fusillade. Vous les garçons, vous m'avez battu avec des carabines et des fusils de chasse", a-t-il poursuivi en sortant de sa poche de hanche un pistolet automatique plat et efficace de gros calibre. "Comment allez-vous avec les armes légères ?"

Les chasseurs secouaient la tête d'un air dubitatif.

"Ne les utilisez jamais ", a déclaré Deming. "Je n'ai jamais pu faire grand-chose avec ce genre-là, en tout cas . Donnez-moi un revolver, et je pourrais essayer de frapper une baleine, s'il était assez près, mais pas avec l'une d'entre elles."

"Pas beaucoup de différence", a déclaré Carlsen. "L'un de vous a des revolvers ?"

Personne n'a parlé. Il était contraire aux lois non écrites d'un navire que les pistolets soient possédés à l'avant de la cabine principale. Beale a finalement répondu pour le reste.

"Pas un pistolet, monsieur."

"Alors," dit Carlsen, "je vais vous faire une exposition moi-même. Il reste des bouteilles ? Beale, voulez-vous me les jeter ?"

Il y a eu huit coups de feu dans l'automatique et Carlsen a brisé sept bouteilles en l'air. Il a raté le dernier, mais s'est relevé en le brisant alors qu'il plongeait dans le sillage. Les chasseurs crièrent leur appréciation.

casser tous ?" Lund a demandé à Rainey. « Il reste des bouteilles Enny ?

Il se dirigea vers le taffrail, s'adressant à Carlsen.

« Kin, vous tirez aussi bien au *son* qu'à la vue, Doc ? il a défié.

"Je ne pense pas", a déclaré Carlsen.

"Si j'avais mes yeux, je vous photographierais pour cent dollars", a déclaré Lund. "En l'état, je pourrais en cibler un ou deux. Rainey, demande à quelqu'un de tracer une ligne, la tête haute, et de fixer une bouteille dessus, d'accord ? Je n'ai pas d'arme à moi, Doc, " continua-t-il, " veux-tu me prêter le tien ? Carlsen remplit son chargeur et Lund se tourna vers Rainey, qui était en train de truquer la cible.

"Je veux que tu tapes dessus avec un bâton", dit-il. " Le personnel du signalement fera l'affaire."

Rainey récupéra le mince bambou et resta là. Lund chercha le cordon, passa ses doigts sur la bouteille suspendue et fit cinq pas, soulevant l'automatique pour juger de son équilibre.

"Ruther a mon propre pistolet", marmonna-t-il. "Très bien, attache -la, Rainey."

Rainey tapota le goulot de la bouteille et celle-ci émit un petit tintement, immédiatement perdu dans le fracas des éclats de verre alors que la bouteille, frappée assez fort dans l'étiquette déchirée, se brisa en deux.

"Combien il reste?" » demanda Lund. "La moitié ? Renseignez -vous."

de nouveau et la balle trouva à nouveau la marque, ne laissant pendre que le goulot de la bouteille. Lund sourit.

« C'est tout, » dit-il. " Jest voulait vous montrer ce qu'un aveugle peut faire, s'il y est mis."

Il y a eu peu d'applaudissements. Carlsen prit son arme en silence et s'avança avec les chasseurs et les badauds, disparaissant en contrebas. Rainey prit le volant de Hansen et lui ordonna d'avancer à nouveau.

" Je leur ai donné quelque chose à dire", rigola Lund. "Carlsen voulait montrer ses photos fantaisistes . Wal, je leur ai montré que je ne suis pas entièrement détruit si je ne le suis pas." porter des lumières. Et j'en ai glissé plus d'un sur Carlsen.

Rainey n'a pas compris tout ce qu'il voulait dire et n'a rien dit.

"As-tu compris la pièce sur les obus ?" » demanda Lund. "Une astuce intelligente, même si Deming a failli chuter. Carlsen a demandé à ces imbéciles de chasseurs de tirer tous les obus qu'ils avaient devant eux . Si le chargeur est vide, je parie que Carlsen sait où il y a beaucoup plus d'obus, si jamais nous J'en avais vraiment besoin . Mais maintenant, ces carabines et ces fusils de chasse ne servent plus qu'à tant de gourdins, *pas aux chasseurs* . Et il a découvert qu'ils n'avaient pas de pistolets Enny . *Il* en a un et il leur montre comme il tire droit, je plaisante au cas où il y aurait Enny des problèmes entre eux . Joue des deux côtés jusqu'au milieu, fait Carlsen. Nappe! Mais il n'a pas gagné le pot. C'est un joker dans ce jeu. Peut-être qu'il le tient, peut-être pas.

Il hocha mystérieusement la tête, très content de lui.

« Ne supposez-vous pas *que vous* avez apporté une arme à feu avec vous ? » il a demandé à Rainey. "Ça pourrait être utile."

"Je ne m'attendais pas à rester", répondit sèchement Rainey, "ou j'aurais pu le faire."

Lund rit de bon cœur en se frappant la jambe.

"C'est une bonne chose", a-t-il déclaré. "Mais ce serait une bonne idée. Cela vaut certainement la peine d'être discret lorsque vous voyagez avec des inconnus."

CHAPITRE IV

LA TÊTE BOVAINE

Le capitaine Simms réapparut dans la cabine et sur le pont, mais ce n'était plus le même homme. Sa maladie semblait l'avoir privé définitivement de ce qui lui restait du printemps de la virilité. C'était comme si son jus avait été aspiré de ses veines, de ses artères et de ses tissus, le laissant flasque, indécis, comparé à son ancien moi. Tout comme Lund suivait Rainey, Simms suivait Carlsen.

Le beau temps disparaissait, s'éteignait en une heure et, jour après jour, le *Karluk* se jetait sur une mer moqueuse qui martelait ses étraves de coups qui sonnaient comme le bruit d'un tambour géant. Le soleil n'a jamais été vu. Pendant toute la journée, la goélette luttait contre les éléments dans un crépuscule épouvantable et violacé, se soulevant sous des doubles ris au-dessus de grandes vagues qui soulevaient des crêtes écumantes pour la submerger, et furent descendues, sifflant et rugissant, enfouissant un bastingage et couvrant le pont jusqu'aux écoutilles. avec des troubles de levure.

Le *Karluk* chargea la fureur obstinée du vent, roulant d'un côté à l'autre, soulevant la mer, gagnant un peu d'avance, perdant de la marge, combattant, combattant, tandis que chaque pied de bois, chaque brasse de corde gémissait et craquait perpétuellement, mais endurait. .

Pour Rainey, cette lutte persistante — alors qu'il contrôlait lui-même la goélette, les jambes à califourchon, ses cirés dégoulinants, les pieds inondés jusqu'aux chevilles, les écumes le trempant et le fouettant, le vent le fouettant — apportait une exultation et un sentiment de maîtrise et de confiance tels comme il n'en avait jamais suggéré auparavant. Guider le navire, déjouer constamment la mer et le vent, les turbulences, secouer l'étrave, courir et contrer, briser le gouvernail, sauter toujours comme une meute de chiens jappants - c'était une chose qui a laissé les jours de son front de mer. détail loin derrière.

Et puis il s'était cru dans le tourbillon des choses ! Même si Simms semblait décliner, Rainey sentait qu'il atteignait la plénitude de sa force et de sa santé.

Lund était toujours avec lui. Parfois, la jeune fille montait sur le pont dans ses propres imperméables et se tenait contre le bastingage pour observer la tempête, silencieuse à l'égard des deux hommes. Et bientôt Carlsen venait d'en bas ou d'avant et se levait pour parler avec elle jusqu'à ce qu'elle en ait assez du pont.

Ils ne ressemblaient pas vraiment à des amants, pensa Rainey. Il leur manquait les petites intimités que lui, même s'il se faisait en quelque sorte un automate au volant, ne pouvait manquer de voir. Si la jeune fille glissait, la main de Carlsen la rattrapait et la retenait par le bras ; ne faites jamais attention à sa taille. Et il n'y eut aucun air particulièrement bienvenu sur son visage lorsque le médecin vint vers elle.

Carlsen prenait rarement le volant. Rainey a fait plus que sa part par pur amour de ressentir le contrôle. Mais un jour, sur un mot de la jeune fille, Carlsen et elle s'approchèrent de Rainey alors qu'il manipulait les rayons.

"Je vais prendre le volant un moment, Rainey", dit le médecin.

Rainey y renonça et se dirigea vers le milieu du navire. Du coin de l'œil, il pouvait voir que la jeune fille suppliait de s'occuper du navire et que Carlsen allait la laisser faire.

Rainey haussa les épaules. C'était le risque de Carlsen. Diriger correctement n'était pas un jeu d'enfant par ce temps. Le *Karluk* , avec son faisceau étroit, était souple et actif comme un grand chat dans ces vagues. Il fallait non seulement de la force, mais aussi de la vigilance et de l'expérience pour tenir le cap dans le chaos des mers croisées.

Lund, dont la reconnaissance des voix était parfaite, se déplaça au milieu du navire dès que Carlsen et Peggy Simms arrivèrent à l'arrière. Il n'y a eu aucune tentative pour dissimuler le fait que la goélette était ensuite une compagnie divisée et, sans le fait que sa cécité tempérait l'action, la manière dont Lund leur montrait le dos et s'éloignait délibérément aurait été une insulte délibérée.

Pas à la fille, pensa Rainey. Au début , il avait considéré le caractère de Lund comme relativement simple – et brutal – mais il avait nuancé cela, sans apparence de conscience, et il estimait que Lund n'insulterait jamais délibérément une femme, quelle qu'elle soit. Il commençait à éprouver plus qu'une simple admiration pour la force de Lund ; un penchant pour l'homme lui-même avait, presque contre sa volonté, commencé à s'affirmer.

Ils se tenaient ensemble près du rail météo. C'était toujours le quart de Rainey, et à tout moment Carlsen pouvait lui céder le gouvernail dès que la jeune fille était fatiguée. Soudain, des cris retentirent de l'avant, un mélange d'entre eux, indistincts dans le vent qui s'écartait. Sandy, le chauffeur, s'est précipité vers l'arrière le long du pont en pente, s'accrochant maladroitement au rail et à la corde pour se stabiliser, rouge d'excitation, presque hystérique à la nouvelle.

« Une baleine boréale, monsieur ! » il a pleuré quand il a vu Rainey. "Et des tueurs après lui ! Explosant droit devant !"

Au-delà des proues, Rainey ne pouvait rien voir de la baleine, qui devait avoir peur des tueurs, mais il vit une demi-douzaine de nageoires noires en forme de faux coupant l'eau en traînées d'écume, toutes de front, leurs hautes dorsales s'agitant, des loups. de la mer, à la recherche de la baleine grise, pour forcer sa gueule à s'ouvrir et se régaler de la délicatesse de sa langue vivante. Alors Lund lui dit en phrases rapides pendant qu'ils attendaient que la baleine s'approche.

" La moitié du temps, les baleines boréales n'essaient même pas de s'enfuir", a déclaré Lund. "Allongez-vous dessus, le ventre en l'air, tout simplement gelé de peur pendant que les tueurs s'aident . La moitié des baleines boréales, vous connard, ont des morceaux arrachés de la langue. S'ils sont près du rivage lorsque les tueurs apparaissent, les baleines glisseront. au-dessus des rochers, un « brin » lui-même .

Rainey jeta un coup d'œil au loin. Sandy avait porté son avertissement à Carlsen et à la jeune fille, et maintenant elle se penchait par-dessus la rampe sous le vent, jusqu'aux genoux dans l'eau, essayant de voir quelque chose du combat. La silhouette souple de Peggy Simms était penchée sur le côté alors qu'elle aussi regardait devant elle, même si elle était toujours attentive à sa direction et tenait la goélette bien en l'air, son visage brillant d'excitation, mouillé de saumure volante, des mèches de cheveux jaunes coulant librement. dans le vent sous la poigne serrée de son bonnet tam-o'-shanter en laine écarlate. Carlsen montrait les palmes des tueurs.

« B-o- ow ! » » commença la voix grave d'un guetteur, d'où marins et chasseurs s'étaient regroupés à l'avant pour assister à ce combat de gladiateurs entre monstres marins, mis en scène à juste titre dans une mer déchaînée. Rainey tendit son regard pour attraper le spiracle fumant et la poussée de la grosse tête.

" *Bl-o- ows !*" La voix grave sauta presque d'une octave dans un soudain cri d'appréhension. D'autres voix se mêlèrent aux siennes dans une clameur de consternation.

"Attention ! Oh, attention ! Juste devant !"

L'énorme masse de la baleine était apparue, non pas pour jaillir, mais pour se coucher le ventre, se balançant à la surface, les nageoires déployées, paralysée de terreur, directement dans le cours du *Karluk* , tandis que vers lui, occupés uniquement à leur soif de sang, » sautèrent les tueurs, lui frappant la tête alors que la goélette déferlait. Dans cette mer immense, l'impact signifierait certainement l'enfoncement de quelque chose en avant, peut-être le jaillissement d'une crosse.

"C'est dur!" » a crié Rainey. "Debout avec elle ! Debout !"

C'était le désir d'exprimer ses propres sentiments, plutôt que la nécessité d'ordonner, qui poussa Rainey à crier l'ordre, car il pouvait voir la jeune fille lutter avec les rayons, Carlsen prêtant sa force à la sienne. Les écoutes étaient bien aplaties, le vent presque de travers, et il n'était pas nécessaire de changer le jeu de mise en avant et de grand voile.

En avant, les hommes sautèrent pour manipuler les voiles d'avant. Le *Karluk* commença à tourner sur sa quille, instinctivement au changement de plan du gouvernail. Mais les vagues étaient extrêmement hautes et le vent soufflait avec une grande force, l'eau roulait en grandes montagnes d'un gris verdâtre maladif, surmontées d'écume qui soufflait en un scud plat.

Alors que la goélette pendait dans un creux profond, le vent la frappa et s'inclina. Avec le vent qui s'en échappait soudainement, les huniers fouettaient et frissonnaient, et l'avant se détachait avec le bruit aigu d'un coup de feu et disparaissait à l'arrière dans l'étouffement.

Rainey vit une énorme vague s'élever, se courber, aussi haute que la gaffe de la grand-voile, lui sembla-t-il, alors qu'il s'agrippait à l'enroulement des drisses de grand-voile. Les tonnes d'eau tombèrent, grondant sur le pont qui se courba sous le choc, se déversant dans une grande cataracte qui balaya le pont.

Ses pieds furent balayés sous lui, et pendant un instant il sembla se balancer horizontalement dans le courant, s'agrippant aux drisses. La mer heurta le bastingage opposé avec un rugissement qui menaçait de l'arracher, de s'accumuler puis de bouillonner par-dessus bord.

CHAPITRE V

LES SCORES DE RAINEY

Avec cela est allé un chiffre. Rainey aperçut un visage horrible, une bouche qui criait en vain à l'aide dans le chaos, et fut instantanément stoppée par de la saumure étranglante, les yeux éclatants appelant avec une peur terrible alors que Sandy était emportée dans la cascade. Les drisses étaient maintenues sur l'axe avec un tour et une torsion que Rainey desserra rapidement, soulevant la bobine, faisant une boucle rapide et passant la tête et les bras à travers elle alors qu'il se jetait après le carrousel.

Alors même qu'il plongeait, il entendit le mugissement de Lund, connaissant instinctivement le péril de la goélette par ses actions, bien qu'ignorant l'accident.

"Reculez ce foc ! Reculez-le, faites exploser vos yeux ! Ba-ck—"

Puis Rainey se fraya un chemin à travers le cours d'eau jusqu'à l'endroit où il aperçut un bras levé. Sandy portait des cirés et des bottes de mer, il n'avait guère une chance de se sauver, aussi expert soit-il. Et Rainey se rendit compte que, comme beaucoup de marins, le garçon s'était vanté de ne pas savoir nager. Ses bottes l'entraîneraient vers le bas dès que la force des vagues, qui le ballottait de crête en crête, serait suspendue. Rainey lui-même était porté par leur poussée, obstrué par son propre équipement, relié à la vie uniquement par l'enroulement de la drisse.

Une grande masse se vautrait juste devant lui, le corps impuissant de la baleine boréale, les tueurs se précipitant dans une mêlée folle vers sa tête. Alors une silhouette fut littéralement projetée sur la masse glissante du mammifère, son ventre gris uni dans le welter, un radeau vivant contre lequel les vagues se brisaient et jetaient leurs embruns.

Griffe frénétiquement, Sandy s'agrippe à la base de l'énorme nageoire pectorale, s'accrochant avec une force maniaque, folle de peur. Frappant sans grand but, sauf pour s'aider à se maintenir, aveuglé par les scuds volants et les crêtes brisées, Rainey se sentit soulevé, balayé impuissant et percuté contre la carcasse gluante, juste assez près de Sandy pour le saisir par le col, alors que le la baleine, piqué par un tueur qui lui a déchiré sa langue huileuse, s'est battue avec sa nageoire et tous deux ont glissé le long de son corps, profondément sous l'eau.

Rainey luttait contre l'étouffement et le désir farouche de haleter et de soulager ses poumons torturés. Le poids du garçon semblait le porter vers le bas comme s'il était un objet de plomb, mais Rainey ne voulait pas relâcher sa prise. Il ne pouvait pas. Il avait concentré toute son énergie sur le désir de sauver Sandy, et ses centres nerveux étaient toujours tendus sur cette dernière exigence consciente.

Il y eut une constriction rapide et douloureuse de sa poitrine que ses sens défaillants interprétaient seulement comme la fin des choses. Puis sa tête sortit dans l'air béni et il avala ce qu'il pouvait, même si la moitié était de l'eau.

Le *Karluk* était face au vent et ils étaient sous le peu de vent qu'il y avait, traînant vers l'arrière au bout des drisses, étant récupérés vers le bastingage par les puissants remorqueurs du Lund, un spectacle étrange pour les yeux brûlants de Rainey lorsqu'il aperçut le géant, aux cheveux roux découverts, la barbe fouettée par le vent, les lunettes noires toujours en place, faisant de lui une sorte de monstre béni.

Rainey avait son poing gauche soudé à la ligne, son droit était fixé dans le col de Sandy, et la pochette mortelle de Sandy s'était enroulée dans les cirés de Rainey, bien que le garçon soit mou, et son visage, vu à travers le film aqueux qui coulait dessus, était figé. et blanc.

Une douzaine de bras s'abattirent pour l'attraper. Il sentit la poigne de fer de Lund sur son avant-bras gauche, lui arrachant presque le bras de son orbite alors qu'il était aspiré , attrapé par le corps et les jambes et déposé sur le pont de la goélette, qui commença presque instantanément à reprendre son ancien cap. . Il entendit de nouveau le mugissement du géant aveugle, comme s'il s'agissait d'une continuation de l'ordre lancé alors qu'il était passé par-dessus bord.

"Reculez ce foc au win'ard ! Reculez-le, espèce d' écouvillons !"

Le *Karluk* se déplaçait plus intelligemment cette fois, se balançant sous le choc d'une vague et s'élançant à une vitesse toujours croissante. Lund se pencha sur lui et lui demanda avec une note que Rainey, malgré tout son épuisement, interpréta comme une note de véritable anxiété :

"Comment ça va avec toi, mon pote ? Est-ce que tu t'es précipité ?"

Rainey parvint à secouer la tête et, soutenu par le bras en forme de branche de Lund , se releva, essoufflé, secoué, douloureux à cause des coups et du choc contre la baleine.

"Homme bon!" » s'écria Lund, lui donnant un coup sur l'épaule et le retenant alors que Rainey faillit s'effondrer sous cette accolade amicale.

Sandy était allongé face contre terre, un chasseur agenouillé devant lui, pétrissant ses côtes sous l'action d'un soufflet, soulevant le haut de son corps à temps pour la pression, tandis qu'un autre faisait monter et descendre ses bras détendus.

"Je pense qu'il est parti", a déclaré Hansen. "J'ai avalé une baignoire."

"C'était splendide, M. Rainey ! Merveilleux ! C'était courageux de votre part !"

Peggy Simms se tenait devant Rainey, accrochée aux piliers, une fille différente de celle qu'il avait connue. Ses lèvres rouges étaient écartées, montrant l' éclat propre de ses dents, au-dessus de ses joues rougeoyantes, ses yeux gris pétillaient d'admiration amicale, une main fine et humide était tendue avec impatience vers lui.

"Eh bien," dit Rainey, dans cet embarras qui survient quand on sait qu'il a bien fait, mais cherche instinctivement à renier les honneurs, " n'importe qui aurait fait cela. J'étais le seul à le voir."

"Je n'en suis pas si sûre", répondit la jeune fille, et Rainey pensa que ses lèvres se courbèrent avec mépris alors qu'elle jetait un coup d'œil vers Carlsen au volant. Pourtant, Carlsen, pensait-il, avait toutes les excuses pour ne pas avoir tenté, étant occupé à ajouter la force nécessaire à la roue.

"Oh, ce n'est pas ce qu'il a fait, ou ce qu'il n'a pas fait", a déclaré la jeune fille, et cette fois, il n'y avait aucun doute sur le fait qu'elle accentuait sa voix avec mépris et s'assurait qu'elle porterait jusqu'à Carlsen. "Il a dit que ça n'en valait pas la peine ."

Ses yeux brillèrent puis elle fit un effort visible pour se contrôler. "Mais c'était très courageux de votre part, et je veux vous demander pardon", conclut-elle, le pourpre de ses joues inondant tout son visage avant de se détourner et de se diriger brusquement vers le compagnon.

Un peu déconcerté, le contact de ses doigts fins mais forts toujours sensible aux siens, Rainey se dirigea vers le volant.

"Dois-je prendre le relais, M. Carlsen ?" Il a demandé. "C'est ma montre."

Carlsen l'observa froidement. Soit il faisait semblant de ne pas avoir entendu les insinuations de la jeune fille, soit celles-ci ne lui parvenaient pas.

"Tu ferais mieux d'enfiler des vêtements secs, Rainey," dit-il. "Et je vais vous prescrire un gros jorum de grog chaud. Prends ton temps." Rainey, conscient d'un sentiment de déchirement dans son côté, d'une nausée et d'une faiblesse croissantes, le remercia et suivit son conseil. Une demi-heure plus tard, à l'exception d'une douleur générale, il se sentit trop vigoureux pour rester en dessous et remonta sur le pont. Sandy avait été emmenée en avant. Il a rencontré le chasseur, Deming, et lui a demandé des nouvelles du manège.

"Né pour être pendu", répondit le chasseur avec plus de gentillesse qu'il n'en avait jamais montré. "Ils l'ont pompé et ont fait fonctionner sa propre pompe . Il sera en pleine forme à l'heure actuelle. Il te demande."

"Je le verrai bientôt", a déclaré Rainey, et il a de nouveau offert un soulagement à Carlsen, ce que le médecin a accepté cette fois.

"Mlle Simms m'a mal compris, Rainey," dit-il facilement. "Mon intention était que Sandy ne pourrait jamais rester au sommet dans ces mers, et qu'il était vain d'envoyer un homme de valeur à la recherche d'un voyou qui était pour ainsi dire mort. Sans la baleine , vous n'auriez jamais "Je l'ai fait atterrir. Et les tueurs ont attrapé la baleine", a-t-il ajouté avec son sourire cynique.

donc entendu. Rainey se demandait si la jeune fille accepterait la déclaration modifiée si elle lui était proposée. Dans sa meilleure interprétation, c'était insensible.

Lorsque Hansen a pris la relève, Rainey est allé voir Sandy. Lund avait disparu, mais il trouva le géant dans le gaillard d'avant triangulaire près de la couchette de Sandy.

"C'est toi, Rainey ?" » demanda Lund en entendant le pas de l'autre. Puis il baissa la voix pour murmurer :

"Le garçon est reconnaissant. Profitez-en. S'il veut tout renverser , foutez-le tout."

Mais Sandy semblait capable de rien faire d'autre que de sourire penaud. Il était à moitié ivre de la potion fumante qu'on lui avait imposée.

"Je vous verrai plus tard, Monsieur Rainey," balbutia-t-il finalement. « À plus tard, monsieur. Vous… je… »

Lund donna soudain un coup de coude à Rainey dans les côtes.

"Peu importe maintenant," murmura-t-il.

Un marin était entré dans le gaillard d'avant avec une couverture supplémentaire pour Sandy, apportée par le mess des chasseurs.

"Tout va bien, Sandy", a déclaré Rainey. "Mieux vaut essayer de dormir un peu."

Le manège était déjà descendu. Le marin toucha sa tempe dans un salut à l'ancienne.

"C'est un travail intelligent que vous avez fait, monsieur", dit-il à Rainey.

Ce dernier partit avec Lund à travers les quartiers des chasseurs. Ils étaient assis sous la lampe suspendue qui avait été allumée dans l'obscurité du vent, jouant au poker, comme d'habitude. Mais tous ont déposé leurs cartes lorsque Rainey est apparu.

"Bon travail, monsieur!" » dit l'un d'eux, et les autres répondirent avec des expressions qui réchauffèrent le cœur de Rainey. Il sentait qu'il avait gagné leur bonne volonté. Après tout, ils étaient humains, pensa-t-il.

"Ravi de vous voir participer un peu à un jeu avec nous, ou de prendre part à un jeu, monsieur", a ajouté Deming.

Rainey s'échappa, un peu embarrassé, et traversa l'allée qui longeait le domaine du cuisinier pour entrer dans la cabane principale. Tamada était au travail, mais tourna une lueur de yeux bridés vers Rainey alors qu'ils passaient devant la porte ouverte. La cabine principale était vide.

"Viens dans ma chambre", suggéra Lund. "Je veux te parler."

Il bourra sa pipe et offrit à boire avant de parler.

"La meilleure journée de travail que tu as faite depuis longtemps, mon pote ," dit-il doucement. " Acceptez l'offre de Deming et mélangez-vous à ces chasseurs. Pompez le gamin , Sandy. Pompez-le à sec. Il en saura presque autant que Tamada , et il s'en sortira plus facilement. "

"De quoi as-tu peur au juste ?" » demanda Rainey.

"Fils", dit simplement Lund, "je n'ai peur de rien. Mais ils sont prêts pour quelque chose , sous Carlsen. Nous ferons Unalaska ter -morrer ou le lendemain. En espérant que ce soit le lendemain. Et nous devons savoir à quoi nous attendre. Saviez-vous que le skipper a eu une autre mauvaise passe ?"

"Non. Quand?"

" Je plaisante il y a quelques minutes . Je pleure pour Carlsen comme un enfant pour sa nourrice et son biberon. Le médecin est avec lui maintenant. Et je commence à avoir une idée de ce qui ne va pas chez lui. Voici quelque chose à mâcher. on : Dans quarante-huit heures, il va y avoir un bouleversement à bord de cette pute et c'est à moi et à vous de veiller à ce que nous prenions le dessus. Sinon... "

Il étendit les bras avec au bout de grandes mains de gorille, dans un geste qui supplantait les mots. Il ne fait aucun doute que Lund s'attendait à des ennuis. Et Rainey, pour la première fois, commença à le ressentir comme quelque chose d'approchant, de sinistre, presque tangible.

"Vous passez chez les chasseurs et faites une petite partie de poker ce soir", a déclaré Lund avec insistance.

"Je n'ai pas beaucoup d'argent sur moi", a déclaré Rainey.

"L'argent, bon sang !" se moqua Lund. "Ils ne jouent pas pour l'argent. Ils jouent pour des actions en or. Ils ont fixé la grosse somme à un million, chaque action valant dix mille. Si l' on se réfère à l'état actuel des choses, vous avez Quarante mille dollars en jetons pour jouer. Présentez-les- leur de cette façon. Je pense qu'ils l'accepteront. S'ils ne le font pas, wal , nous avons appris quelque chose. Et n'oubliez pas de le faire. à côté de Sandy."

Une grande partie de cela était énigmatique pour Rainey, mais il ne faisait aucun doute que Lund était extrêmement sérieux et, dûment impressionné, Rainey promit de mettre en œuvre ses suggestions.

Alors qu'il traversait la cabine principale pour rejoindre sa propre chambre, Carlsen sortit de celle du skipper. Il ne vit pas Rainey au début et fredonnait un peu d'air dans sa barbe tout en glissant un petit article dans sa poche. Son visage était ricanant. Puis il a vu Rainey, et cela s'est transformé en un masque qui ne révélait rien. Sa mélodie s'est arrêtée.

"J'ai entendu dire que le capitaine était encore malade", a déclaré Rainey. "Pas sérieux, j'espère."

Carlsen restait là à le regarder avec son air de sphinx, les yeux mi-clos, la lumière moqueuse apparaissant faiblement.

"Sérieux ? J'ai bien peur que ce soit sérieux cette fois, Rainey. Oui," termina-t-il lentement. "J'ai tendance à penser que c'est vraiment sérieux." Il se détourna et frappa à la porte de la cabine de la jeune fille. En réponse à une réponse basse , il tourna la poignée et entra, laissant Rainey seul.

CHAPITRE VI

SANDY PARLE

Le lendemain matin, Rainey, montant sur le pont pour relever Hansen à huit cloches, au début du quart de la matinée, trouva Lund à la proue alors qu'il avançait, attendant que la cloche sonne. Le géant s'appuyait près du beaupré, ses yeux à lunettes semblaient regarder devant lui dans le gris du ciel du nord, et il sembla à Rainey qu'il sentait le vent. Le soleil brillait assez fort, mais il manquait de puissance calorifique, et la mer était descendue, même si elle couvrait toujours de grandes vagues d'un vert terne. Il y eut une bouchée dans l'air, et Rainey, fraîchement sorti de la cabine chaude, aurait souhaité avoir remonté son pull.

Tandis qu'il marchait légèrement, le géant l'entendit et le reconnut instantanément.

"Comment avez-vous embrassé les chasseurs hier soir ?" » il a demandé. "Je me suis couché tôt."

"Nous avons eu toute une séance", a déclaré Rainey. "Ils m'ont mis dans le jeu, d'accord."

« Vous avez des objections à ce que jadis jalonne votre part de l'or ?

"Pas du tout. J'imagine qu'ils ont pensé que c'était une blague. Plus une fois le jeu terminé. J'ai perdu deux mille sept cents dollars", a-t-il ajouté en riant. "Pas de jetons à moins d'un dollar. Sky limit. Et Deming a eu toute la chance, et la majorité des compétences, j'imagine."

"Ne semble pas t'inquiéter."

"Eh bien, c'était une sorte d'argent fantôme", a ri Rainey.

"Vous en avez vu la couleur", rétorqua Lund. "Entendez quelque chose de spécial ?"

"Non." Rainey parla pensivement. "J'avais l'impression d'être traité comme un étranger, même s'ils étaient assez amicaux. Mais, d'une manière ou d'une autre, j'ai l'impression qu'ils ont réservé leur ligne de conversation habituelle."

"Je ne devrais pas me demander", grogna Lund. « Vous avez déjà vu Sandy ?

"Je n'ai pas eu l'occasion. J'imaginais qu'il serait préférable de ne pas être vu en train de lui parler."

"Bien. Matey , les choses arrivent à un point critique. Il y a de la glace dans l'air. Je peux la sentir. Tu sens la différence de température ? De la glace, d'accord. Et ça veut dire deux choses. Nous sommes presque l'un des Aléoutiennes. , et le détroit de Béring est plein de glace. Un peu tôt, mais il n'y a rien de normal dans la façon dont la glace se forme. J'ai l'impression que quelque chose va se briser avant que nous franchissions le détroit.

"Il y a une chose en notre faveur. Autrefois, en sauvant Sandy, vous êtes devenu solide auprès des chasseurs. Ils ne voudront plus vous abandonner. Et ils y réfléchiront à deux fois avant de me mettre à terre à l'aveugle. J'avais l' habitude de m'entendre . ça va avec les chasseurs. Tout compte fait, ce sont des hommes au fond. Ils ont le cœur plaqué or en ce moment. Mais… "

Il semblait obsédé par l'idée que l'équipage, avec Carlsen comme principal instigateur, avait décidé de les laisser bloqués sur un îlot volcanique et solitaire. Rainey se demandait sur quels fondements réels il avait fondé cette théorie.

"Les marins…" commença-t-il.

"Cela ne représente pas un tas de hareng séché . Beaucoup de pores. Balancez-vous dans les deux sens, comme une porte de brevet. Je ne suis pas je m'inquiète pour eux. Je vais prendre mon café. J'étais debout avant l'aube, essayant de comprendre les choses. Tu vas vite voir Sandy , tu peux, mon pote ." Et Lund descendit.

Rainey ne le revit plus jusqu'à midi, au repas de midi. Et il n'a trouvé aucune chance de parler avec Sandy. Il remarqua que le garçon le regardait une ou deux fois, avec nostalgie, pensa-t-il, et pourtant furtivement. Une atmosphère de plus en plus épaisse de quelque chose d'inhabituel en cours semblait présente. Et le temps réel est devenu nettement plus froid. Il avait son pull et il en avait besoin. Les marins avaient revêtu leurs vêtements les plus épais. Carlsen n'est pas apparu dans la matinée, pas plus que les chasseurs. Ni la fille.

A midi, Carlsen vint faire son observation. Il ne dit rien à Rainey, mais ce dernier remarqua que le visage du médecin semblait plus sardonique que d'habitude alors qu'il plaçait son sextant sous son bras.

Avec Hansen sur le pont, ils se rassemblèrent tous à table, à l'exception du capitaine. Tamada a servi parfaitement et silencieusement. Le médecin s'entretenait à voix basse avec la jeune fille. Une ou deux fois , elle sourit amicalement à Rainey par-dessus la table.

"Le capitaine Enny va mieux ?" demanda Lund à la fin du repas.

Carlsen l'ignora, mais la jeune fille répondit :

"J'ai bien peur que non." Ce n'était pas souvent qu'elle parlait à Lund, et Rainey se demandait si elle avait ressenti un changement dans ses sentiments à l'égard du géant ainsi qu'à l'égard de lui-même.

Carlsen se leva, annonçant son intention d'aller de l'avant. Lund fit un signe de tête significatif à Rainey, comme pour suggérer que le médecin allait se réunir avec les chasseurs et que cela pourrait être l'occasion de parler avec Sandy.

" Je vais me rendre", dit-il. "Les yeux me font mal. C'est la glace dans le vent."

"Y a-t-il de la glace ?" Peggy Simms a demandé à Rainey alors que Lund disparaissait. Carlsen avait déjà disparu.

"Aucun en vue", répondit-il. "Mais Lund dit qu'il peut le sentir, et je pense comprendre ce qu'il veut dire. Il fait froid sur le pont."

La jeune fille se dirigea vers la porte de sa propre chambre puis hésita et revint à la table où Rainey était toujours assis. Il avait quatre heures de congé et il comptait profiter de l'occasion pour causer avec le fourgon.

"M. Carlsen m'a dit qu'il espérait apercevoir la terre demain matin", a-t-elle déclaré. "Unalaska ou Unimak, très probablement. Comment va le garçon que tu as sauvé ?"

Elle semblait si encline à la convivialité, ses yeux étaient si francs, que Rainey résolut de lui parler. Il pensait qu'elle était seule et s'inquiétait pour son père. Il y avait des ombres bleu pâle sous ses yeux, et il lui semblait que son visage paraissait tiré.

"Puis-je vous poser une question?" Il a demandé.

"Sûrement."

"Pourquoi m'as-tu demandé pardon ? Et, je me trompe peut-être, mais tu semblais mettre un point d'honneur à le faire assez publiquement."

Elle rougit lentement, mais n'évita pas son regard, s'approchant de la table et se tenant en face de lui, ses doigts posés légèrement sur le bois poli.

"C'était parce que je pensais t'avoir mal compris", dit-elle. "Et j'y ai réfléchi depuis. Je ne pense pas qu'un homme qui risquerait sa vie pour sauver ce garçon aurait pu rejoindre le navire avec des motifs tels que vous. Je... j'espère ne pas me tromper."

Rainey la regarda avec étonnement.

"Quels motifs ?" Il a demandé. « Vous savez sûrement que je n'avais pas l'intention de faire ce voyage de mon plein gré ?

La lumière changeante dans ses yeux rappelait à Rainey le regard de son père lorsqu'il était à son meilleur dans une période de stress pour la goélette. Ils étaient stables et les pupilles s'étaient dilatées tandis que les iris avaient la couleur de l'acier. Il y avait en elle quelque chose de plus qu'une douceur féminine ordinaire, décida-t-il. Elle s'assit, défiant son regard.

"Voulez-vous me dire, " demanda-t-elle, "que vous n'avez pas utilisé votre connaissance de ce trésor pour en obtenir une part, sous la menace secrète de le divulguer au journal pour lequel vous travailliez ?"

Ce fut au tour de Rainey de rougir. Son indignation inonda ses yeux, et ceux de la jeune fille vacillèrent un peu. Sa colère a dominé son jugement. Il n'avait pas l'intention d'épargner ses sentiments. Que voulait-elle dire par une telle accusation ? Elle devait être au courant pour la drogue. Sinon, elle le ferait bientôt.

"Votre fiancé, M. Carlsen, vous a dit cela, j'imagine", dit-il, "si vous ne l'aviez pas fait évoluer à partir de votre propre imagination." Maintenant, son visage était plutôt enflammé.

"Mon fiancé?" Elle haleta. "Qui t'as dit ça?"

"Le monsieur lui-même", répondit Rainey.

"Oh!" cria-t-elle en fermant les yeux, le visage pâlissant.

"Le même monsieur", poursuivit Rainey d'un ton vindicatif, "qui a mis du chloral dans ma boisson et m'a délibérément envoyé à bord du *Karluk* , de sorte que je ne suis arrivé qu'en mer, sans aucune chance de retour. Lui aussi avait peur que je puisse donner " Je lui ai donné ma parole de ne pas le faire. Il m'a dit que c'était une question d'affaires, qu'il m'avait kidnappé pour mon propre bien ", a-t-il poursuivi avec amertume, se souvenant de la conversation avec Carlsen lorsque il était sorti de l'influence de la drogue. "Bien sûr, tu n'es pas obligé de me croire", s'interrompit-il.

"Je ne pense pas que vous soyez tout à fait juste, M. Rainey," répondit la jeune fille. "Pour moi, je veux dire. Je te donne *ma* parole que je n'en savais rien. Je—" Elle écarquilla soudain les yeux et le fixa. "Alors… mon père… lui ?"

Rainey ressentit un pincement au cœur.

"Il était là quand c'est arrivé", a-t-il déclaré. "Mais je ne sais pas s'il a quelque chose à voir avec ça. M. Carlsen l'a peut-être convaincu que c'était la seule chose à faire. Il semble avoir une influence considérable auprès de votre père."

"Le même monsieur qui a mis du chloral dans ma boisson"

"Il l'a fait. Il... M. Rainey, je vous ai demandé pardon une fois ; je le fais encore une fois. Ne l'accepterez-vous pas ? Peut-être que plus tard, nous pourrons en discuter. Je suis bouleversé. Mais... vous accepterez les excuses, et croyez-moi ? »

Elle tendit la main par-dessus la table et Rainey la saisit.

"Nous serons amis ?" elle a demandé. "J'ai besoin d'un ami à bord du *Karluk* , M. Rainey."

Il éprouvait une répulsion envers elle. Elle était sans aucun doute courageuse, pensa-t-il ; elle tenait tête à ses armes, mais elle avait soudain l'air très fatiguée, une silhouette pathétique qui invoquait sa chevalerie.

"Eh bien, sûrement", dit-il.

Ils abandonnèrent lentement leurs mains, et encore une fois Rainey sentit quelque chose de plus que sa simple poigne persister, un léger picotement qui le réchauffa à lui sourire d'une manière qui ramena un peu de couleur à ses joues.

"Merci", dit-elle.

Il la regarda fermer la porte de sa cabine derrière elle avant de se rappeler qu'elle n'avait pas nié qu'elle allait épouser Carlsen. Mais il haussa les épaules en se mettant à fumer. En tout cas, se dit-il, elle sait quel genre de type il est – dans ce qu'il appelle les affaires.

Bientôt, il crut l'entendre sangloter doucement dans sa chambre, et il se leva et arpenta la cabine, pas entièrement content de lui.

« J'étais un peu un imbécile dans la façon dont je l'ai attaquée », pensa-t-il, « mais ce type Carlsen me colle à la gorge. Comment une fille honnête pourrait-elle penser à s'accoupler avec lui me dépasse – à moins que… par Dieu, je Je parie qu'il travaille grâce à son père pour y parvenir ! Pour l'or ! S'il est amoureux d'elle, il a une sacrément étrange façon de ne pas le montrer.

La porte du couloir de la cuisine s'ouvrit et une tête fut prudemment introduite. Puis Sandy est entrée dans la cabine.

"Pardon, monsieur Rainey, monsieur", dit le chauffeur, "j'en avais fini avec la vaisselle. Je voulais avoir une conversation avec vous ." Ses yeux écarquillés parcouraient la cabine d'un air dubitatif.

"Entrez ici", dit Rainey, et il introduisit Sandy dans ses propres quartiers.

"Maintenant, alors," dit-il, assis sur la couchette, tandis que Sandy se tenait près de la cloison, affalée, indécise, sa mâchoire lâche travaillant comme s'il mâchait quelque chose, "qu'est-ce qu'il y a, mon garçon ?"

"Ils me donneraient des coups de pied s'ils savaient ça", a déclaré Sandy. "Je t'ai prévenu de tenir ma langue. Deming a dit qu'il l'arrêterait si je bavardais. Et il le ferait. Mais..."

"Mais quoi ? Asseyez-vous, Sandy, je ne vous dénoncerai pas."

"Vous êtes allé par-dessus bord après moi, monsieur. Aucun d'eux ne l'aurait fait. J'ai entendu ce que M. Carlsen a dit, que je n'ai rien fait . Peut - être que non, mais j'ai mes propres raisons de traîner . ". Moi, bien sûr, je ne fais pas grand- chose. Pourquoi le ferais-je ? Si jamais j'avais eu une mère et un père, je ne les ai jamais vus . J'ai fait mon propre sens de vie , j'avais huit ans. Je Je n'ai jamais eu assez de bouffe dans le ventre avant de travailler pour Tamada . Le Japonais me glisse en tant que premier remplaçant . Ce n'est qu'un Japonais, mais il a plus de cœur que le reste de cette foutue bande réunie .

Rainey hocha la tête.

" Dites -moi ce que vous savez, vite. Vous pourriez être recherché d'une minute à l'autre."

Les mots semblèrent rester coincés dans la gorge sèche du garçon, puis ils vinrent avec un jaillissement.

"C'est le docteur ! C'est Carlsen qui les a transformés en une bande de foutus bolcheviks , monsieur. Il leur a dit qu'ils devraient avoir une part ekal de l'or. Ekal tout autour, tous sauf Tamada - et moi. Je ne sais pas." " Tamada est un Japonais. Les hommes sont en colère contre M. Lund parce qu'il a vu que le capitaine l'avait laissé sur la glace. Carlsen a aussi réfléchi à cela. Il a dit que Lund les a tous traités de lâches. " Sauf Hansen, bien sûr. Il n'ose pas en dire trop, sinon ils lui sauteraient dessus, mais Hansen laisse en quelque sorte entendre que le capitaine Simms aurait dû repartir après Lund, aurait pu repartir, c'est ainsi que Hansen l'a dit. Alors ils vont tous faire grève."

L'esprit de Rainey réagit rapidement au discours de Sandy. Il semblait inconcevable que Carlsen soit prêt à partager à parts égales avec les chasseurs et l'équipage. L'imagination de Sandy s'était déchaînée, ou alors les hommes s'étaient moqués de lui. La part de la jeune fille serait jetée dans le lot commun. Et puis il lui apparut l'astuce par laquelle Carlsen s'était débarrassé de toutes les munitions en possession des chasseurs. Il avait un projet plus profond que celui qu'il avait proposé aux chasseurs et qu'il proposait simplement pour servir un objectif présent. Les muscles de la mâchoire de Rainey se contractèrent.

"Vas-y, Sandy," dit-il laconiquement.

"Il n'y a pas grand-chose de plus, monsieur. Ils vont s'en prendre à Lund. D'abord, ils ont hésité à le faire débarquer avec vous et les Japonais. C'est ce que Carlsen leur a proposé . Mais ils préviennent . Je ne suis pas en faveur de cela. Il a dit que Lund a trouvé l'or et qu'il devrait avoir une part égale avec les autres. Et ils se sentent mécontents de vous, monsieur, depuis que vous m'avez sauvé. Pas parce que c'était moi. , mais parce que c'était ce que Deming appelle une chose sacrément courageuse à faire. "

"Comment as-tu appris tout ça ?" » demanda Rainey.

"Des restes, monsieur. Ici et là. Les marins en parlent les nuits quand ils pensent que je dors dans le poste de pilotage. Et je garde les oreilles ouvertes quand j'attends les chasseurs. Mais ce n'est pas le cas . je ne vais pas vous donner de part parce que vous n'êtes pas prévenu de l'accord initial. Mais ils ne le sont pas Je ne vais pas non plus vous abandonner, à moins que Lund ne se rebelle et que vous restiez à l'écart.

"Et le capitaine Simms ?"

" Carlsen dit qu'il répondra à sa place, monsieur. Il se vante de la façon dont il va épouser la fille. Cela lui donnera trois parts, en comptant celles du capitaine . Les hommes ne le voient pas, mais moi si. Il est un foutu renard, c'est Carlsen."

"Quand est-ce que ça se passe ?" » demanda Rainey.

"Vite ! Ils vont apercevoir la terre ter-morrer , disent-ils. J'ai entendu ça ce matin . Je me suis caché dans ma couchette. Il se dirige contre le mur du mess des chasseurs et, si c'est calme, vous pouvez entendre ce qu'ils disent.

"Ils ne le sont pas Je vais dans le détroit de Béring en passant par le col Unimak. Ils entrent par Amukat ou Seguam Pass. Et ils en parleront à Lund et au capitaine quelque part à proximité. Et c'est là que vous serez découragés, si vous ne vous conformez pas.

"Très bien, Sandy. Tu es plus intelligente que je ne le pensais. Sûr de tout ça ?"

"Je n'ai pas grand-chose à voir, monsieur, mais je n'ai pas eu à me débrouiller seul sans m'en prendre à moi- même . Vous ne me trahirez pas, cependant ? Ils me harcèleraient."

"Je ne le ferai pas. Vous coupez le pas. Et si nous parvenons à l'emporter, Sandy, je veillerai à ce que vous en retiriez une part."

"Merci Monsieur."

"Je vais sortir avec toi", a déclaré Rainey. "Si quelqu'un entre avant que vous soyez dégagé, je vous donnerai un ordre. Je vous ai envoyé chercher, comprenez."

Mais Sandy est revenue dans la cuisine sans aucun problème. Rainey recommença à arpenter la cabine, puis retourna dans sa propre chambre pour aligner les choses. Lund dormait, mais il le réveillerait, décida-t-il, rempli d'admiration devant la sagacité de l'aveugle et la façon dont il avait prévu la situation générale.

Il n'y avait pas beaucoup de temps à perdre. Il ne voit pas ce qu'ils pourraient faire contre cette proposition. Il était sûr que Lund n'y consentirait pas. Et il pourrait avoir un plan. Il avait laissé entendre qu'il avait des cartes dans son sac.

Quels étaient les plans ultimes de Carlsen ? Rainey ne s'en soucia pas. Il n'en doutait pas que cela signifiait tromper tout l'équipage. Il avait l'intention de rassembler éventuellement tout l'or. Et la fille… elle serait en son pouvoir. Mais peut-être qu'elle le voulait ? Rainey sortit de son impasse et se dirigea vers la cabine principale pour annoncer la nouvelle à Lund.

La fille sortait de la chambre de son père.

"Rien de mieux?" » demanda Rainey.

"Non, je ne comprends pas. Il semble à peine me connaître. Le docteur Carlsen est venu à cause de la sciatique de mon père, mais... il y a autre chose... et le médecin n'y peut rien. Je ne comprends pas très bien..."

Elle s'arrêta brusquement.

"Connaissez-vous le docteur depuis longtemps ?" » demanda Rainey.

"Depuis un an. Il vit à Mill Valley, près de mon oncle. Je vis avec le frère de mon père quand mon père est en mer. Mais cette fois, je voulais être près de lui. Et le médecin..."

Encore une fois , elle semblait délibérément se retenir d'une révélation qui voulait sortir.

« Est-ce qu'il a exercé à Mill Valley ? Ou à San Francisco ? » demanda Rainey, se souvenant de l'éclat de Lund contre très pouvoirs professionnels de Carlsen.

"Non, il n'a pas pratiqué depuis quelques années. C'est ainsi qu'il a pu continuer. Bien sûr, son père lui a promis une certaine part dans l'entreprise. Et c'était un ami."

» Elle s'interrompit dans son discours, regardant Rainey avec incertitude. Ce dernier a pris une décision.

« Miss Simms, dit-il, allez-vous épouser le docteur Carlsen ?

Soudain, Rainey se rendit compte que quelqu'un était entré dans la cabine. C'était Carlsen, qui s'avançait maintenant rapidement vers lui, le visage livide, la bouche hargneuse et ses yeux noirs diaboliques de malice.

"Je m'en occuperai", a-t-il déclaré. "Peggy, tu ferais mieux d'aller voir ton père. J'y serai dans une minute. C'est un homme plutôt malade", a-t-il ajouté.

Son grognement s'était transformé en un sourire, et il semblait s'être rapidement maîtrisé. La jeune fille les regarda tous les deux et entra lentement dans la chambre du capitaine. Carlsen se tourna vers Rainey, son visage redevenant un masque de haine.

"Je te mettrai à ta place, foutu intrus", dit-il. "Qu'est-ce que tu veux dire en lui posant cette question ?"

"C'est mon affaire."

"Je vais le faire mien. Et je réglerai le vôtre très prochainement, une fois pour toutes. Je suppose que vous êtes vous-même doux avec la fille," ricanat-il. "Pensez-vous que vous êtes un héros ! Pensez-vous qu'elle vous regarderait, un mendiant marchand d'informations ? Pourquoi, elle—"

"Vous pouvez la laisser en dehors de ça", dit doucement Rainey. "Quant à toi, je pense que tu es un sale voyou."

La main de Carlsen revint dans sa poche de hanche tandis que le poing de Rainey traversait l'ouverture et l'attrapait haut sur la mâchoire, le renvoyant en arrière, s'écrasant contre la cloison et tombant sur le siège rembourré qui courait autour de la place.

Mais son arme était sortie. Tandis qu'il le soulevait, Rainey se débattait avec lui. Carlsen appuya sur la gâchette et la balle traversa la lucarne au-dessus d'eux, tandis que Rainey forçait à lever son bras, le tordant violemment avec les deux mains jusqu'à ce que l'arme tombe sur le siège.

Simultanément, la jeune fille et Lund apparurent.

« Un jeu de tir ? » gronda le géant. "Ce sera toi, Carlsen ! Tu aimes trop tirer sur ce gat d' autrefois ."

Rainey avait reculé face à l'exclamation de la jeune fille. Carlsen récupéra son arme et la rangea, tandis que Peggy Simms avançait avec des yeux flamboyants.

"Trouillard!" dit-elle. "Si j'avais pensé... oh !"

Elle fit un geste de haine totale, auquel Carlsen ricana.

"Je vais vous montrer si je suis un lâche ou non, ma dame," dit-il, "avant d'en finir avec vous tous. Et je vais vous dire une chose : la vie du capitaine est entre mes mains. Et lui et moi sommes les seuls navigateurs à bord de ce navire, à l'exception d'un imbécile d'aveugle », ajouta-t-il en se dirigeant vers la porte de la cabine de Simms , se tourna pour les regarder, leur rit délibérément au nez et ferma la porte. sur eux.

CHAPITRE VII

RAINEY PREND LA DÉCISION

"Bien?" demanda Lund, qu'est-ce que tu vas faire à ce sujet, Rainey ? Reste avec moi, ou fais la queue avec les autres , travaille autrefois, et remercie- les pour rien quand ils se partagent les affaires et te quittent. Il faut se décider dans un sens ou dans l'autre très vite, car l'épreuve de force est au programme pour ter-morrer .

"Vous n'avez pas dit clairement ce que vous allez faire vous-même", a répondu Rainey. "Quant à moi, j'ai l'impression d'être entre le diable et les profondeurs de la mer. Carlsen a un plan pour déjouer les hommes. Il est inconcevable qu'il soit prêt à leur donner des parts égales. Et il n'a aucune utilité pour moi."

"Vous auriez dû saisir son arme avant lui", a déclaré Lund. "Il vous mettra à l'écart s'il le peut, mais, maintenant que son caractère est un peu exaspéré , il ne vous tirera pas dessus. Pas avant que l'or ne soit dans la cale. Une chose, il sait que les chasseurs le feraient. Je ne le supporte pas. Ils ont de la poussière dans les yeux en ce moment – de la poussière d'or, jetée là par Carlsen, mais s'il vous avait massacré , il perdrait probablement son emprise sur eux . Je pense qu'il le ferait. Je ne crois pas que tu es en danger , Rainey, si tu veux t'attacher et faire la queue avec la foule.

"Quant à moi", poursuivit-il d'une voix plus grave, "je vais leur dire d' aller droit au diable. Je vais d'abord dire quelques choses à Carlsen. Partage égal ! Ce sont une belle bande de socialistes. " Mettant de côté que Carlsen les intimide , comme vous dites. Égaux ? Ils ne sont pas mes égaux, aucun d' entre eux , d'homme à homme. Tous les hommes naissent libres et égaux, disent la Constitution et les règlements. de notre pays. Certes. Mais ils ne restent pas ainsi longtemps. Ils sont tous alignés pour suivre la marque au départ, mais regardez- les se disperser avant d'avoir parcouru un dixième de la distance.

"J'ai trouvé cet or, et ils ne l'ont pas fait. Je n'ai pas besoin de partager avec eux , et je ne le ferai pas. Beaucoup d'I.W.W., c'est ce qu'ils sont, et je vais le dire." De plus , si l'un d' entre eux pense qu'il est mon égal, tout ce qu'il a à faire c'est de le dire, et je lui donnerai une chance de le prouver. Touche ces bras, mon pote , évalue-moi. " Pour moi, je pourrais les briser en deux . Mettez-moi dans une pièce avec environ trois d' entre eux , et la porte verrouillée, et un " un " sortirait . Ce serait moi. "

Il ne s'agissait pas là de vantardise, ni de fanfaronnade, mais d'une calme assurance, et Rainey estimait que Lund se contentait d'énoncer ce qu'il croyait être des faits. Et Rainey croyait que c'étaient des faits. Il y avait une force d'esprit confiante en dehors de sa condition physique qui émanait de Lund comme la vapeur sort d'une bouilloire. C'était le genre de force que l'on trouve dans un vent constant, un vent contre lequel on peut s'appuyer, une puissance élastique avec de grandes réserves de force. Mais les conditions étaient toutes défavorables à Lund, même s'il les a mises de côté.

" D'homme à homme ", répéta-t-il, " je pourrais les battre dans un steak de Hambourg. Et j'ai assez d'intelligence pour tromper Carlsen. Je l'ai deviné jusqu'à présent. "

"Il a l'arme", a prévenu Rainey.

"Peu importe son arme. Je n'ai pas peur de son arme." Il hocha la tête avec une telle confiance suprême que Rainey se sentit soudain reléguer au second plan la possession de l'arme par le médecin. "Si son arme est la seule chose qui te trouble , oublie ça. Toi et moi devons savoir où nous en sommes. C'est à toi de décider. Je ne te blâmerai pas de t'être déplacé . Et je peux me débrouiller sans toi, s'il le faut. Mais nous nous entendons bien ; je vous ai fait part d'une idée. J'aimerais vous voir récupérer cet or, et "tous les diables de l'enfer et en sortir " t je vais m'empêcher de le faire !"

Il parlait à voix basse, mais sa voix grondait comme le rugissement lointain d'un taureau. Rainey regarda la mâchoire indomptable que la barbe ne pouvait cacher, le grand tronc de sa poitrine, les bras ressemblant à des branches, les cuisses et les mollets gonflés, et répondit à la suggestion que Lund pourrait se lever dans la rage Berserker et balayer toute opposition.

C'était absurde, bien sûr ; sa pensée suivante ajusta la balance qui avait été alourdie par la qualité irrésistible de la vigueur de l'homme mais, pour le moment, se souvenant de sa comparaison précédente, Lund apparut comme un Samson aveugle qui, par miracle, pouvait au dernier moment détruire ses ennemis en démolir leur maison – ou leur bateau – à leur sujet.

"Carlsen dit que la vie du capitaine est entre ses mains", a-t-il déclaré, évitant toujours la question directe de Lund. "Qu'est-ce que tu en penses ?"

"Je ne sais pas quoi en penser", répondit Lund. "Si c'est le cas, que Dieu aide le skipper ! Je pense qu'il va mal. Ennyhow , il est absent pour le moment , Rainey. Je ne pense pas qu'il sera présent à la réunion s'il est si malade. " Carlsen parle pour lui. Comptez Simms exclu pour le moment. "

"Voilà la fille", a déclaré Rainey. "Je ne crois pas qu'elle veuille épouser Carlsen."

"Si c'est le cas", dit Lund, "elle n'est pas du genre à s'inquiéter. Carlsen l' épouserait s'il pensait qu'il était nécessaire d'obtenir sa part en étant légal. Il pourrait essayer de la forcer à obtenir un prix. Mariage par l'intermédiaire du capitaine. Menacer de laisser son père mourir si elle ne l'épouse pas, cela incitera probablement le capitaine à se marier. Ce serait légal . Mais si tu es intéressé par la fille, Rainey, et " Je suppose que c'est le cas, je vous dis que Carlsen l'épousera si cela convient à son livre. Si ce n'est pas le cas , il ne le fera pas. Et, s'il gagne, il la prendra sans se soucier " à propos des livres de prières et des " cérémonies. Je connais sa race. Tous les hommes sont plus ou moins égoïstes et " timides en matière de morale, par séries plus ou moins larges, mais Carlsen est tout simplement une mouffette. "

"Les hommes ne permettraient pas cela", a déclaré Rainey d'un ton laconique. "Si Carlsen commençait quelque chose comme ça, je le tuerais de mes propres mains, avec ou sans arme. Et n'importe quel homme blanc m'aiderait à le faire."

"Vous le feriez , peut-être ", dit Lund en hochant sagement la tête. "Vous auriez bien essayé. Mais vous ne connaissez pas les hommes, mon pote , pas comme moi. Ce navire a un capitaine maintenant. Un malade, je vous l'accorde. Mais jusqu'à présent , c'est lui le patron. Et c'est lui le capitaine." Le père de cette fille. Tout est habituel et normal . Mais vous transformez cette goélette en une tenue libre et facile, à parts égales pour tous, à emporter comme bon vous semble, laissez-les mettre leurs griffes sur l'or. , et être sur le chemin du retour pour le dépenser – car Carlsen les laissera aller aussi loin avant de retirer son jeu, quel qu'il soit – une « discipline sera mise à l'écart.

" Le grog sera servi quand ils en auront envie, ils se mettront à jouer , certains perdront tout ce qu'ils ont. Il y aura des maux de tête, et ils se souviendront qu'il y a une fille après -cabine, qui ne sera plus l'après-cabine , car ils en auront tous le contrôle, étant égaux; alors tout l'enfer va se déchaîner, en ce qui concerne cette fille .

"Une bande d'hommes qui sont en mer depuis des semaines, à moitié ivres, fous d' avoir plus d'or qu'ils n'en ont jamais rêvé, ou de l'avoir joué au jeu. C'est une bande de bêtes, mon pote , chaque fois qu'ils pensent à cette fille. " Ce sera trop difficile à gérer pour Carlsen... et" - il tapota le genou de Rainey - " Carlsen n'a pas assez d'estime pour une femme pour la laisser interférer avec ses meilleurs intérêts. "

La mâchoire de Rainey était serrée et ses poings serrés, son sang coulant chaud et rapide. Son imagination était instinctive pour évoquer des scènes colorées à partir des suggestions de Lund.

"Tu veux dire..." commença-t-il.

"Sous sa peau, quand il n'y en a pas rien qui puisse le gêner, un simple animal d'homme", a déclaré Lund. "Que savent ces tyrans du bord de l'eau d'une bonne fille - ou d'un souci ? Ils n'en connaissent qu'une seule sorte. Avez-vous déjà pensé à ce qui arrivait à une femme à l'époque des corsaires lorsqu'elle en embarquait une, seule, en haute mer ? Eh bien, s'ils poussaient Carlsen, il la leur livrerait sans clin d'œil . »

"Vous avez laissé entendre que j'étais différent", a déclaré Rainey. "Et toi, Lund, comment agirais-tu ?"

"Si Carlsen gagne, je mâcherai des moules sur un rocher ou je nourrirai des crabes", a simplement déclaré Lund. "Je ne suis pas un saint, mais tant que je peux continuer à me tortiller , il n'y a pas de Enny chasseur ou marin va faire du mal à une fille honnête. C'est une autre raison pour laquelle ils ne sont pas mes égaux, Rainey. Malin ? Carlsen non plus. Il n'y a pas assez de virilité chez ce Carlsen pour graisser une poêle. Et si, Rainey ? êtes-vous aligné avec moi ? »

" Aussi loin que je peux aller, Lund. Je suis avec toi jusqu'à la limite. "

Lund abaissa sa main d'un grand coup et attrapa celle de Rainey en plein vol, la saisissant jusqu'à ce que Rainey se morde les lèvres pour réprimer un cri de douleur.

"Vous avez le courage !" s'écria le géant en vérifiant brusquement le volume de sa voix. "Je le savais. Tout ne se passera pas comme ils l'entendent. Surveillez ma fumée. Maintenant, restez hors du chemin de Carlsen autant que vous le pouvez. Il essaiera peut-être de choisir une dispute avec vous qui mettra Vous avez tort tout autour. Allez-y doucement et parlez doucement jusqu'à ce que la terre soit aperçue. Si vous n'êtes pas invité à cette convention de l'I.W.W., klaxonnez.

" Carlsen va essayer de vous garder sur le pont, j'imagine. Ne restez pas là. Donnez le volant à Sandy s'il le faut. J'insisterai pour que vous soyez là. Ce sera mieux. Ils' J'aurai probablement un accord idiot à signer. Carlsen ferait ça. Faites- leur tous sentir que c'est plus comme une affaire . rencontre '. Ils adoreront griffonner leurs noms et poser leurs notes. Il faudra que vous soyez là pour me le lire ; avisé ?"

"À votre avis, quel est le jeu de Carlsen, s'il réussit ?"

"Il est assez renard pour imaginer une douzaine de façons. Faites atterrir la goélette quelque part dans la nuit. Détruisez-la. Mettez-les dans les bateaux avec l'or. En une semaine, Deming et un ou deux autres auraient tout gagné. Ensuite, il aurait le seul fusil, il tirerait sur eux et dirait qu'ils sont morts en mer. Il n'a pas de sang plus chaud qu'un calmar. Ou il pourrait atterrir et les accuser . tout de la piraterie. Qu'est-ce qui nous importe de ses plans ? Il n'est pas je vais les mettre dessus."

Rainey a dû relever Hansen. Il quitta Lund prêt à résister contre Carlsen, contre tout l'équipage, si nécessaire, résolu à sauver la jeune fille, mais, à mesure que Lund restait en dessous et que le temps s'écoulait, sa confiance le quitta et les chances prirent leur proportion mathématique.

Que pourraient-ils faire contre tant de personnes ? Mais il est resté ferme dans sa détermination à faire ce qu'il pouvait, à sombrer avec cet espoir désespéré, en combattant. Aussi aveugle qu'il soit, Lund était le meilleur homme des deux, pensait Rainey ; il valait mieux tenter de saisir les cornes du dilemme que de céder faiblement et, avec Lund tué ou abandonné, essayer à lui seul de protéger Peggy Simms contre les horreurs qui surviendraient plus tard.

Il ne se croyait pas amoureux d'elle. L'environnement n'était pas propice à ce genre de choses. Mais la pensée d'elle, leurs mains jointes, ses yeux attirants, disant qu'elle avait besoin d'un ami à bord du *Karluk* ; sa jeune beauté propre l'a incité à se tenir aux côtés de Lund contre toute attente. Lund se battait pour ses droits, pour son or, mais il avait déclaré qu'il ne verrait pas une fille décente être blessée tant qu'il savait se tortiller. Aussi rude que soit le géant, il avait son code. Rainey frémit de mépris pour sa propre hésitation.

Le *Karluk* roulait vers le nord en direction de l'atterrissage et de la crise entre Lund et Carlsen à bonne vitesse. Le temps s'était calmé et le demi-coup de vent servait désormais la goélette au lieu de la gêner. Rainey a confié le volant à un matelot et arpenté le pont. La morsure dans l'air avait augmenté jusqu'à ce que même la marche intelligente qu'il maintenait ne parvenait pas à faire circuler le sang suffisamment pour empêcher ses doigts de s'engourdir, de sorte qu'il devait se frapper les bras sur la poitrine.

C'était bien en dessous du point de congélation. S'ils avaient navigué sur de l'eau douce, au lieu d'être salée, il imaginait que le gréement aurait été vitré à l'endroit où les embruns l'ont frappé. En l'état, la toile lui paraissait plus rigide que d'habitude, et il y avait une brume blanchâtre autour de l'horizon nord qui évoquait la glace.

La mer haute, couleur olive, s'alignait en collines dissolvantes, le sifflement du vent retentissait dans les agrès. Au-dessus du grand mât, un oiseau à poitrine grise et aux ailes larges et immobiles pendait sans mouvement apparent, ses yeux rubis observant le navire, comme s'il s'agissait d'un espion envoyé de l'Arctique pour signaler les étrangers aventureux sur le point d'oser ses dangers.

Alors que la journée approchait du coucher du soleil, l'obscurité s'est rapidement intensifiée. Le soleil se coucha de bonne heure dans des bancs de nuages plombés, et le *Karluk* glissa à travers les mers bouillonnantes dans une scène d'étrange solitude, à l'exception de l'albatros suspendu qui ne variait jamais sa position d'un pouce ou d'un flirt de ses plumes.

Rainey ressentit la triste suggestion de tout cela alors qu'il marchait de long en large, essayant d'élaborer un plan. Les allusions mystérieuses de Lund n'étaient pas satisfaisantes. Il ne pouvait pas les croire sans fondement, mais le géant n'irait jamais plus loin que de vagues paroles sur un « joker » ou une carte dans sa manche. Et ils auraient besoin de plus d'une carte, pensa Rainey.

Il se demandait s'ils pourraient convaincre Hansen, qui avait parlé au nom de Lund contre le capitaine. Et avait alors gardé son conseil. Mais il a rejeté Hansen comme un allié. Le Scandinave était trop prudent, trop enclin à considérer des choses comme des probabilités. Sandy était inutile, mis à part sa bonne volonté. Il était intimidé par Deming, effrayé par Carlsen, trop chétif pour faire plus que ce qu'il avait fait, et les avait prévenus.

Tamada ? Se battrait-il pour la part de l'or qu'il espérait lui revenir ? Lund l'avait décrit comme neutre. Mais s'il savait qu'il devait être exclu de la division ? Il était peu probable qu'il soit convoqué à la conférence. Les Japonais connaissaient sans doute les préjugés raciaux à son encontre, préjugés que Rainey considérait comme myope, prenant soin de montrer qu'il ne les partageait pas. En tout cas, Tamada pourrait lui fournir une arme, un couteau à légumes à lame tranchante, si rien de mieux.

Mais s'il s'agissait d'un véritable combat, ils devaient être vaincus. L'arme de Carlsen reprit de nouveau ses proportions. Lund n'en avait peut-être pas peur, mais Rainey l'avait, très franchement. Il aurait dû l'arracher aux coussins de la cabine. Mais Tamada ? Il ne pouvait pas écarter Tamada comme un facteur important. Il ne faisait aucun doute pour Rainey que Tamada était, par caste, au-dessus de sa position de cuisinier de chasseur de phoque. Il était vrai que les Japonais ne considéraient aucun moyen comme subalterne s'ils menaient au bon but.

Était-ce simplement pour prendre possession de sa part de l'or, ou Tamada avait-il une raison plus profonde et plus compliquée de s'engager pour diriger la galère du *Karluk* ? D'une manière ou d'une autre, Rainey pensait qu'il y avait une telle raison. Il traitait Tamada avec une courtoisie qu'il avait trouvé appréciée par d'autres Japonais, et il pensait que Tamada en était progressivement venu à le considérer avec une certaine bonne volonté. Mais il était difficile de déterminer quoi que ce soit qui se passait derrière ces yeux insondables, ou de lire le visage de Tamada , lisse et placide comme celui d'une image en ivoire.

CHAPITRE VIII

TAMADA PARLE

de Tamada était aussi ordonnée et efficace que la salle d'opération d'un hôpital de première classe. Et Tamada, dans son travail, avait toute l'adresse et une partie de la dignité d'un chirurgien. Il n'y avait pas de déplacements inutiles, il n'y avait pas de déchets de préparation, chaque article était remis à sa place spécifiée dès qu'il était utilisé, et chaque outil et ustensile était brillant et impeccable.

C'était une heure après le troisième repas de la journée. Tamada jonglait avec la nourriture pendant trois repas, et il le faisait avec la précision calme de quelqu'un qui a bien planifié chaque détail et qui avance dans les délais. Le garçon Sandy n'était pas là, probablement occupé à mettre la table pour le mess des chasseurs, imagina Rainey.

Tamada le regardait avec des yeux qui ne manquaient pas d'un certain éclat, comme pourrait le faire une prunelle , mais qui, sous leurs paupières encapuchonnées, ne révélaient ni intérêt, ni curiosité, ni convivialité. Ils appartenaient à son visage sans rides, ils étaient tout à fait neutres. Pourtant, ils semblaient suggérer secrètement à Rainey qu'ils pourraient, à l'occasion, s'enflammer de colère ou de haine, ou montrer la lumière brûlante d'une haute intelligence. Rarement, pensa-t-il, alors que leur regard reposait sur lui impassible, ils s'adouciraient.

" Tamada , " demanda-t-il, " tu penses que je suis ton ami, que je préfère t'aider plutôt que autrement ? "

"Je pense que oui?" » répondirent les Japonais sans hésitation et sans servilité. Et ses yeux scrutèrent lentement le visage de Rainey avec une détermination obstinée pendant une seconde ou deux. Son anglais, à l'exception de l'étrangeté de ses expressions idiomatiques et d'une bavure qui faisait que la plupart de ses *l étaient des r*, et inversait parfois le processus, était presque parfait. Son vocabulaire montrait une étude. "Vous ne me détestez pas parce que vous êtes californien et moi japonais", a-t-il déclaré. "Je sais que."

Il y avait peu de temps à perdre et il y avait une probabilité d'interruption, alors Rainey se plongea dans son sujet sans introduction.

"Ils t'ont promis une part de ce trésor, Tamada ?" Il a demandé.

"Ils me l'ont promis, oui."

"Ils n'ont pas l'intention de vous le donner." Il y eut une petite lueur dansante dans les yeux sombres qui s'éteignit comme une étincelle dans l'air nocturne. Rainey a rappelé l'opinion de Lund selon laquelle il se passait peu de choses que Tamada ignorait. "Vous l'avez peut-être deviné", se dépêcha-t-il, "mais j'en suis sûr. On me promet, moi aussi, une partie de l'or, mais ils n'ont pas l'intention de me le donner. Ils n'offriront à M. Lund qu'un Une petite partie de ce qui avait été initialement convenu, le même montant que le reste d'entre eux doivent recevoir. Il refusera cela demain, lorsqu'une réunion devra être convoquée. Ensuite, il y aura des problèmes. Je me tiendrai aux côtés de M. Lund. Si nous gagnons, vous obtiendrez votre part, que vous nous aidiez ou non. Si vous nous aidez , je peux vous promettre au moins le double du montant que vous deviez recevoir.

"Comment puis-je vous aider ? Si cela doit être discuté lors d'une réunion , je ne serai pas autorisé à être présent. Si des problèmes surviennent, ils le feront immédiatement. M. Lund (il l'appelait Rund) n'est pas un homme patient. . Que puis-je faire ? Comment puis-je vous aider ?

Rainey était déconcerté. Il avait saisi la première occasion de sonder les Japonais, et il n'avait rien de prévu.

"Je ne sais pas", a-t-il déclaré. "Je dois en parler avec M. Lund. Je voulais savoir si vous seriez de notre côté."

"M. Lund ne voudra pas que je vous aide. Il n'aime pas la couleur de ma peau, il n'aime pas les Japonais parce qu'il pense qu'ils gagnent trop bien leur vie en Californie et gagnent plus d'argent que certains de ses compatriotes. Je ne le fais pas. Je pense que cela vous aidera à ce que je vous rejoigne. Je ne vois pas comment vous pouvez gagner. Si vous pouvez montrer une issue, je ferai ce que je peux. Mais j'aime voir une issue.

Il a apaisé la simple reconnaissance de sa neutralité avec un petit salut et un soupir. Derrière tout cela se trouvait une volonté inflexible, pensa Rainey.

"Si nous perdons, vous perdez", a-t-il poursuivi d'un ton boiteux. Il était venu pour une mission idiote, décida-t-il.

"Je pense que je vais récupérer mon argent", dit Tamada , et quelque chose sortit de ses yeux qui trahissait un but déjà atteint, imagina Rainey, comme un joueur d'échecs pourrait obtenir l'assurance de la victoire en anticipant tous les mouvements imaginables contre lui. et fournir un contre-jeu qui permettrait de réaliser le jeu. Il se rendit compte que Tamada possédait des ressources qu'il ne pouvait pas imaginer. L'Oriental eut un sourire rapide, qui ne contenait ni gaieté, ni amitié, mais plutôt une appréciation sardonique de la situation, sans rancune.

"Ils sont très stupides", a-t-il déclaré. "Ils me font cuisiner, ils mangent ce que je sers. Ils disent que Tamada est un très bon cuisinier. Mais c'est un Japonais, bon sang. Supposons que je mette dans cette nourriture quelque chose qu'ils ne goûteraient pas ? Je pourrais tous les endormir. Je pourrais les tuer. Je pourrais le faire pour qu'ils ne se doutent jamais, mais ils iraient dans leur lit et ne se relèveraient jamais d'eux. Ce serait très facile. Pourtant, ils me font confiance.

La déclaration était si banale que Rainey sentit son horreur monter lentement alors qu'il regardait l'Oriental impassible.

"Tu ferais ça ? A quoi cela te servirait-il ? Tu devrais tous les tuer, sinon les autres te déchireraient. Et si tu assassinais tout le navire , où serais-tu ? Tu parles comme si tu étais un peu fou. . Supposons que j'en parle à Carlsen ?

Tamada souriait à nouveau. Il semblait savoir que Rainey n'était pas en position de le trahir – s'il le souhaitait.

"Je n'ai pas dit que je le ferais. Et, sauf dans certaines circonstances, cela ne me servira à rien. Je ne m'attends pas à le faire. Mais ce serait facile. Pourtant, comme vous le dites, cela ne vous aiderait pas à tuer." seulement quelques-uns, ceux qui seront à la réunion, par exemple, même si je le souhaite. Non, je ne vois pas d'issue. Si, à un moment donné, il semble y avoir une issue et que je peux vous aider, je le ferai.

Il se tourna brusquement vers une marmite en train de mijoter et secoua le couvercle. Le chasseur, Deming, passa la tête par la porte.

"Ça sent bon", dit-il. "Soir, M. Rainey."

Il semblait disposé à s'attarder, et Rainey, pour ne pas éveiller les soupçons sur lui-même ou sur Tamada , remonta sur le pont. Que voulait dire Tamada par « sauf dans certaines circonstances » ? se demanda-t-il. D'une part, il était sûr que Tamada avait une certaine base sur expressionlaquelle il espérait obtenir son argent. *Il savait quelque chose* . Était-ce simplement la méthode orientale du *jiu-jitsu* , pratiquée mentalement aussi bien que physiquement, la croyance en une résistance apparemment passive contre les circonstances, attendant un mouvement qui, par sa propre agressivité, lui donnerait une ouverture pour un tour qui lui assurerait lui l'avantage ? Que pouvait espérer faire un Japonais contre la foule ?

Une pensée traversa soudain Rainey. Tamada était- il de mèche avec Carlsen ? S'était-il trompé sur son homme ? Carlsen envisageait-il de demander à Tamada d'entreprendre un empoisonnement généralisé pour obtenir lui-même l'or, en fournissant les médicaments ? Était-ce un signe amical des Japonais ?

Tout en y réfléchissant, il descendit souper. La jeune fille n'était pas présente. Carlsen est apparu dans une humeur inhabituelle.

"J'ai été un peu pressé, Rainey", dit-il avec toute l'apparence de sincérité. "Je m'inquiète un peu pour le skipper. Il va mal.

"Oubliez ce qui s'est passé, si vous le pouvez. Je m'excuse. Même si je continue de penser que votre ingérence dans mes affaires privées est injustifiée. Je vais dire que c'est carré, si vous voulez."

Il fit un signe de tête à Rainey de l'autre côté de la table, sauvant à ce dernier une réponse qu'il ne savait pas trop comment formuler. Les équipements de Carlsen étaient probablement un cadeau grec. Et Carlsen a continué pendant le repas de bonne humeur, ralliant Rainey à propos de sa partie de poker avec les chasseurs, plaisantant Lund sur son tir, parlant de l'atterrissage qu'ils attendaient le lendemain.

À la grande surprise de Rainey, Lund reprit la conversation. Il y avait une saveur subtile et sardonique des deux côtés et, de temps en temps, alors que Tamada , tel un sphinx animé, vaquait à ses devoirs, Rainey voyait les yeux de Carlsen se tourner d'un air interrogateur vers le géant comme s'il était un peu perplexe quant à l'origine du géant. l'esprit exact de ses sorties.

Rainey admirait tout en s'émerveillant de l'habileté de Lund dans ce genre de combat d'escrime. Il n'est jamais allé assez loin pour éveiller les soupçons de Carlsen, mais il a montré un sens aigu de l'humour pour les saillies à moitié satiriques de Carlsen qui, à la lumière de la révélation de Sandy, montraient que le médecin se considérait comme le maître de la situation, le vainqueur d'un jeu. dont les pièces étaient déjà sur le plateau, bien que les joueurs n'aient pas encore pris leur place. Pourtant Rainey imaginait que Carlsen avait qualifié son renvoi de Lund d'« imbécile aveugle » avant qu'ils ne se lèvent de la table, sans perturber sa propre sérénité en tant que plus rusé des deux.

Plus tard, lorsque sa montre fut terminée et qu'il fut enfermé avec Lund dans la cabine de ce dernier, le géant mit immédiatement fin à toute discussion sur l' attitude de Tamada .

"Je ne ferai confiance à aucun mangeur de riz aux yeux bridés et à la peau jaune", annonça-t-il avec insistance. "Ils sont contre nous, race et religion. Ils veulent la Californie, ou plutôt la côte Pacifique, et ils pensent qu'ils vont s'en foutre. Ils ne nous ressemblent pas plus qu'un serpent n'est un cousin." à une anguille. Ils ne sont pas de notre race, et vous ne pouvez pas mélanger les deux. Je n'aurai aucun accord avec Tamada , à part lui tirer de la drogue. S'il nous aidait, ce serait seulement pour aller plus loin. ses propres fins. Non qu'il puisse faire grand-chose… à moins que… »

Il baissa la voix jusqu'à un murmure rauque.

« Il y a une chose qui pourrait échapper à notre recherche d'or , mon pote , dit-il : les Japonais. Je doute que cette île soit inscrite sur les cartes américaines ou britanniques. Mais je parie qu'elle l'est sur les cartes japonaises. Je ne le sais pas, car aucune nation ne l'a ouvertement revendiqué, mais c'est une chose sûre que les Japonais connaissent son existence. Ils ne connaissent pas l'or, sinon il ne serait pas là. À juste titre, l'île appartient peut-être à la Russie, mais Depuis la guerre, la Russie est en mauvaise posture et tout ce qui est disponible sur le continent sera englouti par le Japon.

"Ce que les Japonais prennent, ils ne le lâchent pas. En principe, ils patrouillent du côté ouest du détroit de Béring. Si l'une de leurs patrouilles nous voit , nous serons à l'intérieur de la limite de fermeture et ils auront le droit de recherche. Ils le prendraient, Ennyway , s'ils nous apercevaient. Ils y vont par *le pouvoir* de la recherche, ce n'est pas vrai. Ils ne trouveront pas de peaux Enny sur nous, nous avons des chasseurs à bord, nous sommes des chasseurs de phoques pélagiques, ils ne gagneront pas. Je ne peux pas raccrocher Enny clubbin ' de troupeaux sur nous.

"Mais s'ils nous soupçonnaient de dénicher de l'or au large d'une île qu'ils pourraient inventer pour appeler la leur, s'ils trouvaient de l'or sur nous, ce serait fini pour nous et les *Karluk* . Nous être jeté dans une prison japonaise et la goélette confisquée.

"Et si les choses se passent bien pour nous, et que nous apercevons un jour la fumée d'une canonnière japonaise approcher notre route, la première chose que je serai susceptible de faire sera de m'enfuir. Tamada ou lui fera tout gâcher, que nous ayons l'or à bord ou non. Même s'il ne voulait pas parler de sa propre part, ils lui arracheraient ce que nous recherchions .

Cela explique-t-il, se demanda Rainey, « certaines circonstances » de Tamada ? Calculait-il l'arrivée d'une patrouille japonaise ? Avait-il déjà fait part à son consul à San Francisco du but de l'expédition, sûr d'une récompense à la hauteur de ce qu'aurait été sa part ? Si tel était le cas, Rainey avait fait une erreur dans sa tentative de sonder Tamada . Il se sentit coupable, heureux que Lund ne puisse pas voir son visage, et il abandonna brusquement le sujet.

Lund semblait savoir que quelque chose n'allait pas.

"Nerveux, Rainey ?" Il a demandé. "C'est parce que tu n'as pas vécu une vie d'homme. Toute ton expérience d'antan a été de seconde main, et tu n'es jamais entré dans une situation difficile, je suppose. Tu t'en sortiras bien. si l'on en arrive à cela. Vous êtes bien logé, et vous êtes devenu solide ces derniers temps. Maintenant, vous êtes je vais goûter à la vie à l'état brut. Pas des trucs de livres d'histoires. C'est une viande parfois forte, susceptible de retourner l'estomac à certains. J'en ai un appétit, et toi aussi , dans un moment.

"As-tu déjà beaucoup joué aux cartes ?" il continua. "Jouez depuis le dernier rouge quand vous ne savez pas vers qui vous tourner pour en obtenir un autre, et faites en sorte que toute la foule pense que vous êtes ils font faillite pendant qu'ils regardent la pièce ? Et puis vous frappez une carte qu'ils ont tous oubliée et un " larf" au visage de l'autre type ?

"C'est ce que je vais faire avec Carlsen. J'ai ce genre de carte, mon pote , et je ne le ferai pas." Je vais gâcher mon plaisir en vous disant même ce que c'est, même si vous êtes mon partenaire dans ce pari. C'est un atout, et Carlsen l'a négligé. Il pense qu'il a empilé le jeu et l'a réparé, alors il se distribue toutes les cartes gagnantes . Mais il y en a un qu'il ne connaît pas parce qu'il est plus aveugle que moi, c'est le docteur Carlsen. »

Lund rit énormément en se mélangeant du whisky et de l'eau. Rainey a refusé de boire. Lund avait raison, il était nerveux, se souciant de ce que pourrait être le résultat et de la manière dont il pourrait se comporter. Il n'était pas du tout sûr de son courage.

Lund avait mis le doigt sur la tête. Toute son expérience consistait à écouter les histoires des autres et à les écrire. Il ne savait pas s'il agirait d'une manière qui le satisferait. Il y avait un vilain doute quant à ses propres prouesses et à son propre courage qui revenait sans cesse. Et cet état d'esprit n'est pas agréable.

"Tout sera fini cette fois-ci , ter-morrer ", intervint Lund, "en ce qui concerne notre relation avec Carlsen. Vous dorme autant que tu peux cette nuit, Rainey. Et ne t'inquiète pas pour cette fille. Elle est bien plus capable de prendre soin d'elle-même que vous ne l'imaginez. Vous ne la considérez pas comme étant « plus qu'une proposition de vigne accrochée ». Non pas qu'elle puisse s'en sortir toute seule, mais elle n'est pas idiote, et je parie qu'elle est en jeu.

« Doux avec elle ? » » défia-t-il de manière inattendue.

"Je n'ai pas pensé à elle de cette façon", répondit Rainey un peu brièvement.

"Ah!" éjacula doucement le géant. "Tu ne l'as pas fait ? Wal, peut-être que c'est aussi une plaisanterie."

Rainey a pris cette dernière remarque sur le pont et y a réfléchi pendant le quart du milieu, mais il n'a rien pu en tirer. Pourtant, il était sûr que Lund avait voulu dire quelque chose par là.

Au milieu de la nuit, le froid semblait se concentrer. Rainey avait trouvé des mitaines dans le coffre de la goélette et il était content de les avoir à la barre. Les marins, n'ayant pas grand-chose à faire, se pressèrent en avant. Un homme faisait le guet pour la glace. L'odeur de cela était désormais indubitable, même pour l'inexpérience de Rainey. Dans certaines inclinaisons du vent, une arête plus tranchante transperçait les vêtements ordinaires. C'était, pensa-t-il, comme si quelqu'un avait soudainement ouvert, dans le noir, les portes d'un énorme réfrigérateur. Il savait ce que cela faisait, et c'était à peu près la même chose.

Le temps s'éclaircissait encore. Dans le ciel indigo , les étoiles étaient des points scintillants, non pas d'or, mais d'acier, durs et froids. Devant nous, les aurores boréales étaient projetées au-dessus de l'horizon dans une arche basse de roses frémissantes. Et, du nord, devant le vent, la mer avançait dans les longs plis lisses d'une houle lourde sur laquelle le *Karluk* se frayait un chemin dans la brise, griffant fermement les Aléoutiennes et se frayer un passage jusqu'au détroit de Béring.

A deux coups de cloche, les chasseurs commencèrent à venir sur le pont pour prendre une bouffée d'air frais après la fermeture de leurs quartiers, comme ils le faisaient invariablement après une séance de poker. Ils ne arrivèrent pas à l'arrière et ne saluèrent pas Rainey, mais marchèrent d'un pas vif en couple, discutant de quelque chose dont Rainey ne doutait pas qu'il s'agissait de la réunion du lendemain. Sans doute, dans la confiance de leur nombre, ils considéraient cela comme une simple formalité. Lund accepterait ce qu'ils lui offriraient – ou rien. Et Carlsen avait garanti la signature d'un accord par le capitaine.

Ils rechargeèrent leurs poumons avec du bon air, puis le froid les poussa en bas, et Rainey, avec la longueur de la goélette entre lui et le quart, se retrouva pratiquement seul. Il repensait sans cesse la situation comme un écureuil courrait autour des barreaux de son cylindre tournant, et n'arrivait qu'à une seule conclusion, l'inévitable, pour laisser l'affaire se développer d'elle-même. Il s'était préoccupé de la carte gagnante de Lund jusqu'à ce que son cerveau soit fatigué. La seule chose qu'il tira de toutes ses agitations fut la seule nouvelle pensée qui semblait surgir de manière tangente et se moquer de lui.

Si Carlsen était destitué et que le capitaine restait malade – pour faire face au pire mais toujours plausible – si Carlsen, une fois destitué, refusait d'agir et que le capitaine était trop malade pour quitter sa chambre – qui dirigerait la goélette ? Pas un aveugle. Et Rainey ne pouvait pas apprendre la navigation en un jour. Il y avait bien plus à faire dans ces mers périlleuses qu'un simple calcul. La glace était en avance.

Que pouvait en penser Lund ? En supposant que sa carte soit gagnante, comment pourraient-ils gérer la goélette ? Lui, en tant qu'œil pour Lund, serait à peu près aussi compétent qu'un caniche essayant de sortir un colporteur aveugle d'un labyrinthe.

Le guetteur l'interrompit dans ses réflexions avec un cri soudain.

" *Glace ! Glace !* Fermez-vous sur la proue tribord ! "

Rainey a mis la barre au-dessus, lançant le *Karluk* sur le bord opposé.

L'berg glissa à côté d'eux, non pas comme il l'avait imaginé, une chose de minarets et de pinacles étincelants, mais une colline de neige qui se matérialisa dans la douce obscurité et flotta à nouveau jusqu'à se dissoudre comme le fantôme d'une île, laissant derrière elle le froid glacial. de mort, montant et descendant jusqu'à ce qu'en un instant, il disparaisse, avec sa menace de naufrage si la nuit avait été moins claire.

Cinq fois avant huit cloches, le cri venait de l'avant, et les amas d'une blancheur éclatante prenaient forme, prenaient une certaine netteté de leurs contours et dépassaient le faisceau avec les mers déferlant autour d'eux et se brisant avec un boom creux sur leurs côtés caverneux. Et c'était en pleine mer. Lund avait suggéré que le détroit serait rempli de glace. Rainey sentait son expérience de navigation, dont il était plutôt fier, pitoyablement limitée et insuffisante face aux conditions à venir.

Lorsqu'il se rendit enfin, malgré sa détermination à suivre les conseils de Lund concernant le sommeil, celui-ci ne lui vint pas à l'esprit. Hansen avait repris le pont avec assez de détermination, sans aucune hésitation quant à sa capacité à gérer les choses, mais ses paroles n'avaient pas encouragé Rainey.

"Beaucoup de glace à partir de maintenant, M. Rainey. Maintenant, nous allons avoir un dur à cuire sur les bras, par yiminy , vous et moi!"

CHAPITRE IX

LE POT SIMMERE

Rainey fut réveillé à sept heures et demie par la précipitation rapide des hommes sur le pont et par des cris confus. Le soleil brillait à travers son hublot, puis il s'est soudainement obscurci. Il regarda dehors et vit une masse de glace en tourelle à moins d'un demi-câble de la goélette, de l'eau tombant en cascade sur ses collines et ses vallées, qui étaient assez distinctes, mais si aplanies que la vérité lui apparut en un éclair. Voici un iceberg qui s'était soudainement transformé en tortue et avait exposé à l'air sa plus grande masse sous-marine.

Autour d'elle, la mer était d'un bleu sombre et vif, et l'berg scintillait au soleil avec des reflets prismatiques qui donnaient à ses proéminences toutes les teintes de l'arc-en-ciel, tandis que la masse brillait comme une opale de feu. Entre lui et la goélette, la mer courait dans un tourbillon de troubles de moins en moins nombreux. Hansen s'était approché négligemment trop près. L'élan du *Karluk* et la légère perturbation des vagues ont dû suffire à bouleverser l'équilibre du iceberg, flottant avec seulement un tiers de sa masse au-dessus de l'eau. Et le déplacement avait raté de peu le flanc de la goélette.

Il prit une tasse de café après s'être chaudement habillé et monta. Carlsen et la jeune fille l'avaient précédé et regardaient l'iceberg. Le docteur semblait être dans la même veine d'humour rare que pendant la nuit. Lund se tenait près de la rampe, le bec du nez plissé, reniflant vers les rochers glacés qui jetaient un éclat de flammes blanches, entourées de petits éclats soudains de rubis, d'émeraude et de saphir.

"Rasez-vous de près, ça, Rainey", a appelé Carlsen. "Elle s'est transformée en tortue contre nous."

"Trop près pour être agréable", dit Rainey, et il se dirigea vers le volant. La jeune fille lui avait fait un sourire, mais il considérait son visage comme fatigué par l'insomnie et la tension. Rainey laissa les rayons s'occuper de Hansen pendant une minute – Hansen restait impassible et mâchait comme un automate, indifférent à l'incident maintenant qu'il était passé – et demanda à la jeune fille comment allait son père.

"J'ai peur..." commença-t-elle, puis elle jeta un coup d'œil à Carlsen.

"Il ne va pas du tout bien", dit le médecin en faisant face à Rainey, le visage éloigné de la jeune fille. Tout en parlant, il laissa un instant la bouche ouverte, la langue sortant entre ses dents blanches, dans un sourire aussi moqueur que celui d'un loup, sans joie, impitoyable, triomphant. Et pendant une seconde fugace, ses yeux s'y adaptèrent.

Rainey réprima une soudaine envie de fracasser son poing sur ce masque sardonique. C'était le jour de la victoire attendue de Carlsen, le premier de ses mouvements calculés vers l'échec et mat, et il en profitait visiblement.

"Pas... du tout... eh bien," répéta lentement Carlsen. "Il a besoin de quelque chose pour le sortir de lui-même, comme il l'est maintenant. Un peu d'excitation. Mais il ne faut en aucun cas le contrarier. Nous verrons."

Il changea de position et regarda la jeune fille comme un loup, pas particulièrement affamé, regarderait un agneau attaché. Sa langue touchait juste les bords intérieurs de ses lèvres. C'était comme si le loup s'était léché les babines.

"Carlsen serait un mauvais perdant", avait dit un jour Lund, "et un mauvais gagnant. Il voudrait s'en rendre compte dès qu'il savait qu'il vous avait battu."

Rainey agrippa fermement les rayons jusqu'à ce qu'il sente la pression de ses os contre le bois. L'attitude de Carlsen avait eu un effet positif. Sa nervosité avait disparu et une rage froide avait pris la place. Il aurait pu joyeusement tenter d'étrangler Carlsen sans craindre son arme. D'ailleurs, il avait affronté le pistolet une fois et s'en était mieux sorti. Mais quel imbécile il avait été de laisser Carlsen récupérer son automatique ! Maintenant, il avait hâte d'arriver à terre, il avait hâte d'affronter l'épreuve de force.

Loin à l'horizon, vers le nord, il aperçut des éclairs scintillants d'une blancheur laiteuse qui allaient et venaient au gré de la goélette. Cela ne pouvait pas être une terre, décida-t-il, sinon ils l'auraient annoncé. C'était de la glace, de la banquise ou des floes. Il essaya de se rappeler tout ce qu'il avait entendu ou lu sur les voyages dans l'Arctique, et ne réussit qu'à comprendre sa propre ignorance. Le marin le plus ordinaire à bord en savait plus que lui sur les conditions qui changeaient rapidement. Blind Lund, reniflant au vent, sentit et entendit bien plus qu'il ne pouvait légitimement l'imaginer.

Tamada apparut et annonça le petit-déjeuner.

"Tu viendras plus tard, Rainey ?" » demanda Carlsen. "Toi et Lund ?"

Il se dirigea vers la descente et la jeune fille le suivit. En passant devant le volant, Rainey lui dit :

"Je suis désolé que votre père soit pire, Miss Simms", dit-il.

Elle le regardait avec des yeux remplis de tristesse, qui semblaient liquides avec des larmes courageusement retenues.

"J'ai peur qu'il soit mourant", répondit-elle à voix basse. "Merci pour votre sympathie. Je—"

Elle s'arrêta à un léger son que Rainey ne capta pas. Mais il vit le visage de Carlsen encadré dans l'ombre de son compagnon, sa bouche ouverte dans un sourire de loup, et les yeux de l'homme brillaient d'un cramoisi. Il tendit la main à la jeune fille. Elle est décédée sans le prendre.

Lund est venu vers Rainey.

"Un temps clair, me dit-on ?" il a dit. "C'est inhabituel. En règle générale, le brouillard s'étend sur les Aléoutiennes trois cent cinquante jours par an. Dès que nous apercevrons la terre, qui sera Unalaska ou à peu près, il fera changer de cap. Il y a une flotte considérable de troupes américaines. Les États réduisent les revenus à Unalaska, et " Carlsen ne tirera rien avant que nous soyons bien à l'ouest de là-bas. Il est plutôt arrogant ce matin ". Wal, nous verrons. "

Il y avait toujours eu une certaine bonne humeur enjouée chez Lund. Ce matin, il était sombre, son visage avec son nez en bec et son menton agressif sous les moustaches enflammées, et tout son corps magnifique donnait une impression de détermination et d'action réprimée. Rainey imaginait de manière fantaisiste qu'il pouvait entendre une dynamo ronronner à l'intérieur de la masse du géant. Il l'avait vu ouvertement en colère lorsqu'il avait dénoncé Honest Simms pour la première fois, mais son humeur sérieuse était bien plus impressionnante.

Le grand homme marchait comme un gros chat, sa tête était légèrement avancée, ses grandes mains étaient entrouvertes. On oubliait sa cécité. Malgré les verres noirs disgracieux, Lund semblait parfaitement préparé et, d'une manière différente, aussi confiant que Carlsen. Une certaine assurance audacieuse semblait suinter de lui, imprégner son quartier, et une certaine mesure s'étendait à Rainey.

"Nous verrons Makushin en premier", marmonna Lund, comme pour lui-même.

« Makushin ? »

"Volcan, cinquante-sept cents pieds de haut. Beaucoup de glace en vue ?"

Rainey a décrit l'horizon.

"Toute de la glace d'eau douce", a déclaré Lund. " Un 'fondant."

"Il fond ? Il doit être bien en dessous de zéro", a déclaré Rainey. Lund rit.

"Il ne fait pas froid, mon pote . Attends qu'on aille *vers le nord* . Je n'ai jamais vu de toute ma vie une température inférieure à cinq degrés à

Unalaska. C'est l'endroit le plus pluvieux des États-Unis. Il pleut deux jours sur trois, régulièrement . Cette glace arrive. " Hors du détroit. Bien sûr , c'est un signe que ça se brise . Le gel hivernal n'est pas encore attendu avant six semaines. "

Carlsen, avant de descendre, avait envoyé un homme dans les barres de flèche, et maintenant il criait, les mains en coupe, et annonçait sa nouvelle comme s'il s'agissait d'un appel aux armes.

" *Terre-ho !* "

"Qu'est-ce que c'est?" a rappelé Rainey.

« Haut sommet, monsieur. Juste devant ! Des nuages dessus, ou de la fumée.

Il glissa le long des drisses jusqu'au pont tandis que Lund disait : "Ce sera Makushin . Maintenant, la fête va commencer."

D'en bas, les matelots de quart montaient sur le pont, et les chasseurs, ces derniers s'essuyant la bouche, fraîchement sortis de leur petit déjeuner interrompu, se pressaient tous pour apercevoir la terre. Rainey poursuivit son cap, se dirigeant vers le volcan lointain. Des minutes s'écoulèrent avant que Carlsen n'arrive sur le pont. Il n'avait pas précipité son repas.

"Je vais la prendre en charge, Rainey," dit-il brièvement.

Rainey et Lund étaient à peine assis lorsque la gîte de la goélette et le bruit des pieds annonçaient le changement de cap prophétisé par Lund. Rainey regarda la boussole révélatrice au-dessus de sa tête.

« Direction plein ouest », dit-il à Lund.

"C'est à l'ouest", dit le géant. "Encore du café, Tamada . Remplissez votre ventre, Rainey. Prenez un bon repas pendant que manger est bon."

Bien qu'il s'agisse de la montre de Hansen ci-dessous, Rainey le trouva au volant à la place du marin qu'il avait laissé là. Carlsen s'approcha de lui en souriant.

"Mieux vaut laisser Hansen avoir le jeu, M. Rainey", dit-il. "Nous allons avoir une conférence dans la cabine à quatre heures, et j'aimerais que vous soyez présent."

"Très bien, monsieur," répondit Rainey, excité par cette première annonce réelle de la réunion. Hansen, semble-t-il, ne devait pas être l'un des représentants des marins. Et Carlsen avait été assez intelligent pour devancer la demande de Lund concernant Rainey en coupant un peu le souffle aux voiles du géant et en faisant l'inattendu. A moins que les chasseurs n'aient suggéré que Rainey soit présent. Mais cela était peu probable, étant donné qu'il devait être exclu de l'accord.

"À quel titre convoquez -vous cette conférence ?" » demanda Lund lorsque Carlsen le prévint à son tour. "Le skipper n'est pas est-il mort ? »

"Je représente le capitaine, Lund", répondit le médecin. "Il approuve entièrement ce que je m'apprête à suggérer à vous et aux hommes. En fait , j'ai sa signature sur un document que j'espère que vous signerez également. Ce sera grandement dans votre intérêt de le faire. Je suis actuellement responsable. des *Karluk* ."

"Vous n'êtes pas un membre régulier de cette expédition", objecta Lund avec insistance. "Je ne suis pas non plus membre de l'équipage pour le moment. Mais le skipper est mon partenaire dans cet accord, signé, scellé et enregistré. Avant de partir à Enny rencontre , j'aimerais avoir une conversation avec lui personnellement. C'est assez juste, n'est- ce pas ? »

Plusieurs chasseurs s'étaient rassemblés et la question de Lund semblait susciter un intérêt général. Carlsen haussa les épaules.

"Si vous aviez la vue", dit-il presque brutalement, "vous verriez vite que le capitaine n'était pas en état de discuter, et encore moins d'être présent."

"Voici ma vue", répliqua Lund. "M. Rainey ici. Laissez-le voir le capitaine et posez-lui une question ou deux."

"Quel genre de question ? Je la pose en tant que médecin, Lund."

"D'une part, s'il a lu le papier que vous dites avoir signé. Je veux en être sûr. Et je n'en veux pas aux affaires d'antan , Carlsen, ce que je veux dire à mon partenaire, par procuration ou autrement. " Deuxième chose, j'aimerais être sûr qu'il est toujours en vie. Quant à votre rôle de médecin, tout ce que j'ai à dire, c'est que vous êtes un foutu médecin des pores, autant que le capitaine s'en soucie, ennyway . " "

Les deux hommes se faisaient face, Carlsen regardant d'un air mauvais le géant, dont les lunettes noires détournaient son regard. C'était gaspiller des regards que de jeter un regard noir sur un aveugle. De même pour ricaner. Mais le combat entre les deux était maintenant chronométré, et tous deux rejetaient tout vernis diplomatique, leur inimitié se manifestant à l'état brut. La question devenait de plus en plus tendue.

Rainey pensait que Carlsen n'était pas entièrement sûr de ses partisans et comptait sur le refus indigné de Lund pour étayer ses plans visant à se débarrasser de lui de manière décisive.

CHAPITRE X

LA CONFRONTATION

"Rainey peut voir le skipper", dit Carlsen avec insouciance.

"Très bien", dit Lund. "Veux-tu faire ça, Rainey ? Maintenant ?" Et Rainey eut l'impression passagère que le géant lui faisait un clin d'œil de ses yeux aveugles, même si les lentilles noires étaient trompeuses.

Il descendit aussitôt et frappa à la porte, un peu surpris de voir apparaître la jeune fille dans l'embrasure. Il s'était attendu à trouver le skipper seul, et il était presque sûr que Carlsen s'y attendait également. L'expression tirée de son visage, le léger sourire tendu avec lequel elle l'accueillit, le regard désespéré dans ses yeux, le surprirent.

"Je voulais voir ton père," dit-il à voix basse.

Elle lui a dit d'entrer.

Le capitaine Simms était allongé sur sa couchette, apparemment entièrement habillé, à l'exception de ses chaussures. Ses joues étaient enfoncées, des creux sombres apparaissaient sous ses yeux fermés, les os de son crâne saillaient et sa chair était couleur d'argile. Rainey croyait être en présence de la mort elle-même. Il regarda la fille.

"Il est dans un état de stupeur", dit-elle. "Il est comme ça depuis hier soir, suite à un effondrement. J'arrive à peine à trouver son pouls, mais sa respiration se voit là-dessus."

Elle sortit un petit miroir, à peine plus grand qu'un dollar, et le tint devant les lèvres de son père. Lorsqu'elle l'enleva, Rainey vit une trace d'humidité.

" Carlsen ne peut pas le réveiller ? " Il a demandé.

« Je ne peux pas … ou je ne veux pas », répondit-elle d'une voix qui, malgré tout son découragement, était dure. Rainey jeta un coup d'œil à la porte. C'était fermé.

"Que veux-tu dire par là?" » demanda-t-il en parlant à voix basse.

Elle le regardait comme pour mesurer sa dépendance.

"Je ne sais pas," répondit-elle d'un ton sourd. "J'aurais aimé le faire. La maladie de mon père a commencé par une sciatique, due à une exposition au froid et à l'humidité. La situation s'est améliorée lorsque *Karluk* était à San Francisco, même s'il a eu de graves crises. Il a dit que le docteur Carlsen l'avait soulagé. Je sais. C'est ce qu'il fit, car au début il y avait des jours où mon père devait rester au lit à cause de la douleur. C'était dans sa jambe gauche, et puis cela se manifestait par d'effroyables maux de tête, et il se plaignait de douleurs au niveau du cœur. Mais il était déterminé à Le docteur Carlsen a assuré qu'il pourrait s'en sortir. Mais dernièrement, le docteur a semblé incertain. Il parle de fonctions nerveuses perverties et il a acquis une énorme influence sur son père.

"Vous avez entendu ce qu'il a dit quand... la nuit où il a essayé de vous tirer dessus ? Vous voyez, je vous fais confiance dans tout cela, M. Rainey. Je *dois faire* confiance à quelqu'un . Si je ne le fais pas , je ne peux pas le supporter. Je "Je pense que je vais devenir fou parfois. Le médecin a changé. C'est comme s'il avait une double personnalité - comme Jekyll et Hyde - et maintenant il est toujours Hyde. C'est l'or qui a transformé son cerveau, tout son comportement de ce qu'il était. "J'étais en Californie avant le retour de mon père et il a appris l'existence de l'île. Il a dit hier soir qu'il pouvait sauver son père ou—ou—qu'il le laisserait mourir. Je lui ai dit que c'était un pur meurtre ! Il a ri. Il a dit qu'il le sauverait. -pour un prix."

Elle s'arrêta et Rainey combla l'écart, sûr d'avoir raison.

"Si tu voulais l'épouser ?"

La jeune fille hocha la tête. "Père fera tout ce qu'il lui dit. Je pense parfois qu'il torture mon père et ne le soulage que lorsque son père promet ce qu'il veut. Sinon , je ne pourrais pas comprendre. Hier soir, mon père m'a demandé de faire cette chose. Pas à cause d'une menace, il l'a fait. ne semblait pas conscient de quoi que ce soit de sournois. Il m'a dit qu'il considérait le médecin comme un fils, qu'il serait heureux que je l'épouse maintenant. Qu'il célébrerait la cérémonie. Qu'il ne pensait pas qu'il vivrait longtemps et il voulait me voir avec un protecteur.

"C'était horrible. Je n'ose rien incriminer contre le médecin. Cela provoque une crise de nerfs. Hier soir, mon refus a provoqué des convulsions, et puis... l'effondrement ! Que puis-je faire ? Si j'ai fait ce sacrifice , comment puis-je le dire à ce docteur ? " Carlsen pourrait … le sauverait-il ? Que dois-je faire ?

Elle était dans une agonie de remise en question, de doute.

"Le voir étendu là, comme ça. Je ne peux pas le supporter."

"Miss Simms", dit Rainey, "votre père n'est pas sain d'esprit, sinon il verrait Carlsen comme vous, comme moi. Le cerveau de Carlsen est tourné par l'attrait de l'or. S'il vous épouse, je crois que c'est seulement pour votre part, pour ce que vous recevrez de votre père. Il ne peut pas être juste de faire une mauvaise chose. Aucun bien ne pourrait en résulter. Mais – quelque chose peut arriver ce matin – je ne peux pas vous dire quoi. Je ne sais pas. "

Je sais, sauf que Lund doit affronter Carlsen. Cela pourrait changer les choses. "

"Lund," dit-elle avec mépris. " Que peut-il faire ? Et il a accusé mon père de l'avoir abandonné. Je... "

On frappa à la porte et elle commença à s'ouvrir. Carlsen entra.

"Ah," dit-il. "J'espère ne pas vous avoir dérangé. Je n'avais aucune idée que je devrais interrompre un tête-à-tête. Êtes-vous satisfait de l'état du capitaine, M. Rainey ?"

Rainey regarda le diable moqueur droit dans les yeux, et un mépris brûlant monta si rapidement sur le sien que la main de Carlsen tomba du montant de la porte vers sa hanche. Puis il rit doucement.

"Nous pourrons peut-être le ramener à la vie, d'accord, qui sait ?" il a dit.

Rainey monta sur le pont, furieux mais impuissant. Il raconta brièvement à Lund la conversation qu'il avait eue avec Peggy Simms et décrivit les symptômes généraux de l'étrange maladie du capitaine. Il était neuf heures, une heure avant la réunion. Il descendit dans sa propre chambre et s'assit sur la couchette, fumant, essayant de reconstituer le puzzle. Si Carlsen était un meurtrier potentiel, s'il avait l'intention de laisser Simms mourir, pourquoi voudrait-il épouser la jeune fille ? Il pensait avoir résolu ce problème.

Comme sa femme Carlsen conserverait sa part. S'il l'abandonnait, l'argent irait dans la bourse commune. Mais s'il espérait tromper les hommes, cela serait inutile. Aimait-il vraiment la fille ? Ou sa soif d'or était-elle mêlée à une passion pour la possession d'elle ? Il savait peut-être que la jeune fille se suiciderait avant de se soumettre au déshonneur. Peut-être savait-il qu'elle en avait les moyens !

Une chose est devenue primordiale. Pour sauver Peggy Simms. Lund pourrait se battre pour l'or ; Rainey se battrait pour le caractère sacré de la jeune fille. Et, armé de cette détermination, Rainey sortit dans la cabine principale.

Carlsen prit la tête de la table. Lund lui faisait face à l'autre bout du fil. Les six chasseurs, personnages privilégiés, étaient présents, mais seulement trois des matelots, maladroits et hésitants à se placer à l'arrière. Les neuf, avec Rainey, se rangèrent de chaque côté de la table, cinq et cinq, avec Rainey à la droite de Lund.

Tamada avait apporté de l'alcool, des verres et des cigares et s'avança. La porte entre la cabine principale et le couloir menant à la cuisine fut verrouillée après lui par Deming. La jeune fille n'était pas présente. Pourtant, sa part était un facteur important.

Lund était assis , les bras croisés, son grand corps détendu. Maintenant que la table était mise, que toutes les cartes étaient distribuées et que le premier jeu était sur le point d'être joué, le géant se débarrassa de sa tension. Même son visage sombre s'adoucit un peu. Il semblait considérer l'affaire avec une certaine dose d'humour, doublée de l'entrain d'un joueur qui aime le jeu, que l'enjeu soit la mort ou l'argent.

Carlsen avait un document sous la main, mais il en différa la lecture jusqu'à ce qu'il ait pris la parole devant l'assemblée.

« Un navire, dit-il, est une petite communauté, un monde en soi. Pour sa sécurité, chaque membre est une nécessité, la vigie autant que l'homme à la barre, le simple matelot, le navigateur. Le navire est engagé dans une certaine vocation, ceux qui sont embauchés comme experts dans ce domaine sont tout aussi essentiels que les autres.

« Depuis le capitaine jusqu'au… cuisinier ? » » dit Lund d'une voix traînante.

"Chacun dépend de l'accomplissement de son devoir par son camarade", poursuivit Carlsen. " Il s'ensuit une égalité absolue. La responsabilité de chacun étant égale, sa récompense doit être également égale. Il me semble que cet état de choses s'obtient plus naturellement à bord du *Karluk* qu'il ne pourrait l'être ailleurs. Nous sommes une petite compagnie, et pas facile à diviser. La volonté de la majorité peut facilement devenir celle de tous, peut facilement être appliquée.

"Le paiement de tous les services provient au cours de ce voyage d'une quantité incertaine d'or que la Nature, notre Mère à tous, et donc dans l'intention que tous ses enfants partagent son héritage, a échoué sur une plage à partir d'une veine des profondeurs marines et a ainsi déposé sur une île inexplorée et non revendiquée. Elle est découverte par un Indien, la découverte est transmise à un autre.

" Je veux dire moi." Lund semblait s'amuser. Malgré le fait que Carlsen présidait et assumait de toute évidence les attributs de chef, malgré le fait que dix des douze convives étaient disposés contre lui, avec le reste des marins derrière eux, Lund s'amusait décidément.

Pour Rainey, la question de l'or n'était qu'un masque pour la licence qui se manifesterait inévitablement dans une démocratie aussi grossière si elle était établie, une licence qui menaçait la jeune fille, maintenant, imaginait-il, observant son père, le capitaine du navire, chancelant au bord de la mort. Son pouls s'accélérait, il aspirait au point culminant.

« Cet or, poursuivit Carlsen, n'est pas une marchandise fabriquée dans une usine, obtenue par le travail d'autrui, par la dépense de capitaux. S'il l'était, il n'altérerait pas le principe de la chose. Il est naturel. elle-même pourvoit à ceux de ses fils qui le trouveront et le rassembleront. Des fils qui, en tant que frères, doivent partager volontairement et partager également.

Lund bâilla, montrant ses fortes dents et la caverne rouge de sa bouche. Les chasseurs le regardaient avec curiosité. Les marins, sans initiative, sans imagination, grossière collection de vagabonds au bord de l'eau, spécimens plus ou moins naufragés de l'humanité qui partaient en mer parce qu'ils n'avaient pas d'autres capacités, étaient apathiques, écoutant Carlsen avec une sorte de respect, d'hypnose. avant son argument selon lequel la populace des rues exhibe devant le jargon d'un orateur de boîte à savon.

Carlsen leur a promis quelque chose, alors ils l'ont suivi. Mais les chasseurs, plus indépendants, plus intelligents, semblaient s'attendre à une explosion de Lund et, comme elle n'arrivait pas, ils étaient un peu inquiets.

"Partagez et partagez", a déclaré Lund. "J'ai déjà dérivé, Carlsen. Passons aux choses sérieuses. L'idée est de diviser l'or en parts égales, n'est-ce pas ? Comment se divise-t-il ? Il y a vingt-cinq âmes à bord. Cela signifie-t-il que vous êtes divisé ? le tas en cent morceaux et chacun en vaut quatre ? »

"Non." C'est Deming qui a répondu. "Ce n'est pas le cas . Les Japonais ne viennent pas, par exemple."

"Un cuisinier n'est pas un frère ?"

"Pas quand il a la peau jaune", répondit Deming. "Nous allons nous charger d'une collection pour Sandy. Rainey n'est pas partie prenante à l'affaire. Nous l'avons partagé en vingt-deux parts. Qu'avez-vous à dire à ce sujet ?"

Son ton était truculent et Carlsen ne semblait pas disposé à le freiner. Il ne semblait pas tout à fait certain du caractère des chasseurs. Deming, comme Rainey, était visiblement irrité par les préliminaires.

"Vous pensez que nous sommes tous égaux à bord", dit lentement Lund, " en laissant de côté M. Rainey, Tamada un 'Sandy. Toi et moi, et Carlsen et Harris là-bas (il fit un signe de tête en direction de l'un des marins délégués qui écoutait avec sa bouche bée, se grattant sous l'aisselle) êtes-vous tous égaux ?

Deming jeta un coup d'œil à Harris et hésita un instant.

Harris, se tortillant sous le regard de Deming, imité par l'examen soudain de tous les chasseurs, retrouva la parole : "Comment diable saviez-vous que j'étais ici ?" » demanda-t-il à Lund. "Je n'ai pas encore ouvert la bouche !"

"Ce n'est pas la vérité, Harris," répondit Lund avec calme. " Tout est ouvert. Mais si tu veux savoir, je t'ai senti."

Il y eut un éclat de rire à la sortie. La voix de Carlsen l'arrêta.

"Je vais répondre à la question, Lund. Oui, nous sommes tous égaux. Le monde n'est pas une démocratie. Harris, jusqu'à présent, n'a pas eu la chance d'obtenir la part égale qui lui appartient de droit. C'est ce que Je voulais dire que le *Karluk* était un petit monde à part. Nous sommes tous égaux à bord.

"Sauf Rainey, Tamada un 'Sandy. Il me semble qu'autrefois, l'argumint avait des trous, Carlsen.

"Nous attendons de savoir si vous êtes d'accord avec nous ?" répondit Carlsen. Sa voix avait changé de qualité. Il tenait le défi direct. Lund l'a accepté.

"Non," répondit-il sèchement. "Il n'y a pas Enny l'un de vous est mon égal, et vous l'avez montré. Il n'y a pas Il y en a un parmi vous, de Carlsen à Harris, qui aurait le culot de s'en prendre à moi seul. Il fallait se regrouper en meute, comme un troupeau de moutons, avec Carlsen pour berger. *Je parle* ," continua-t-il d'un ton qui vira soudain au tonnerre. "Aucun de vous n'a le cerveau de Carlsen, parce qu'il a dû mettre ce plan entre les mains d'autrefois . Deming, tu penses que tu es un meilleur homme que Harris, tu sais très bien que tu joues mieux au poker que les autres, et tu as accepté ça parce que tu penses que tu gagneras la plupart de l'or avant la fin du voyage . . Le reste d'entre vous, les connards, avez écouté parce que quelqu'un vous dit que vous allez obtenir plus que ce qui vous revient .

"Cet or m'appartient par droit de découverte. Je perds mon navire par malchance, et je conclus un accord selon lequel le capitaine reçoit la même chose que moi, et le navire, qui est le même que sa fille, reçoit presque autant." On vous a offert une part en plus du salaire d'antan si vous vouliez tenter votre chance - deux parts aux chasseurs. C'était sacrément libéral, et vous l'avez saisi. Je suis resté sur la glace, aveugle lors d'un cambriolage . " sur la banquise, et " vous êtes parti et " vous avez attrapé une poignée d'or, assez pour vous rendre fou. "

"Qu'est-ce que tu saurais quoi en faire, aucun de toi ? Déverse-le tout le long de la côte de Barb'ry , ou parie-le sur Deming. Y a-t-il l'un d'entre vous qui serait descendu de la banquise et, aveugle." comme j'étais, réapparu ? Pas un d'entre vous. Et quand je l' *ai* montré, tu avais mal parce que tu avais pensé que tu serais plus avec moi loin.

"Une belle bande de mouffettes. Vous pouvez prendre un foutu morceau de papier et allumer d'anciennes pipes avec, pour moi tous. Au diable ça !

" *Fermez-la* !" Sa voix dominait les murmures à table. Rainey vit Carlsen assis, le bout de la langue visible dans un sourire, tapotant la table avec le papier plié dans une main, l'autre sur ses genoux, se penchant légèrement en arrière. Il était comme un homme attendant que le dernier pari soit effectué avant d'exposer la main gagnante.

" Quant à être égal, je vous ai dit que Carlsen avait le cerveau de vous tous. Le skipper est en train de mourir , Carlsen espère épouser sa fille. Et il se fige . c'est ainsi que nous avons ramené trois actions à une. Vous dites que Rainey n'est pas dans le coup. Il l'est autant que Carlsen. Carlsen intervient en tant que médecin et il a fait un excellent travail. Le capitaine est presque mort. Un sacré docteur ! Fumez, vous tous. »

Carlsen restait assis tranquillement, se léchant parfois doucement les lèvres, écoutant Lund comme il aurait pu écouter les divagations d'un acteur mélodramatique. Mais Rainey sentait qu'il commettait une erreur. Il laissait Lund aller trop loin. Les hommes écoutaient Lund et il savait que le géant parlait dans un but précis. Dans quel but, il ne pouvait pas le deviner. La grande voix retentissante les retenait tout en les fouettant .

"Égal à moi ? Bah ! Je suis un *homme* . Vous êtes beaucoup d'imbéciles. Parlez de moi étant aveugle. C'est un clin d'œil glacé qui m'a eu. Puis l'ophtalmologie ça compte pour mes yeux. C'est de l'or - Blink vous tient. Vous êtes des poissons des cavernes, un tas de drageons aveugles. »

Il se pencha au-dessus de la table et pointa un énorme doigt carré recouvert de laine rouge directement vers Carlsen, comme s'il avait pointé une arme.

" Carlsen est un faux ! Il vous a branché. Il pense qu'il est le patron, parce qu'il est le seul navigateur d'antan. Je n'ai pas oublié cette carte, Carlsen. Ce n'est pas la seule ficelle qu'il a sur vous. Ni les trois actions. Il s'attend à tirer vers le bas. Il vous a obligé à tirer tous vos obus, il a découvert que vous n'avez plus d'arme parmi vous qui soit plus utile qu'un gourdin. Il a une arme et il vous a montré comment il pouvait utilisez-le. Il est assis à côté de vous !"

Les hommes remuèrent. Rainey vit le sourire de Carlsen disparaître. Il a laissé tomber le papier. Son visage pâlit, les veines apparaissaient soudain comme des veines violettes dans du marbre sale.

"J'ai déjà cette arme, Lund," grogna-t-il.

Lund rit, d'une voix si assurée que les hommes jetèrent nerveusement des regards allant de lui à Carlsen.

" Tu es un imposteur, Carlsen", dit-il. "Et j'ai un numéro d'autrefois ! Au diable ton ancien pistolet à popgun. Tu n'es même pas médecin. J'ai vu de vrais médecins à terre au sujet de mes yeux. Niphablepsie, ils appellent la cécité des neiges. Je parie que tu n'en as jamais entendu parler. Vous n'êtes qu'un tireur de drogue qui escroque les femmes ! Sinon vous auriez su que la niphablepsie n'est pas *permanent* ! J'ai retrouvé la vue depuis que j'ai quitté

Seattle. Et maintenant, bon sang pour un fakir au cœur moisi et à l'âme gluante, levez-vous et dites que vous êtes mon égal ! »

Il se releva lui-même, dominant les autres alors qu'ils se levaient de leurs chaises, arrachant les lunettes noires de ses yeux et les jetant sur Carlsen, qui fut forcé de lever la main pour les repousser. Rainey a eu un aperçu des yeux du géant. Ils étaient gris-bleu, couleur d'agate, durs comme l'acier, implacables.

Carlsen a balayé les lunettes et elles se sont brisées sur le sol alors qu'il bondissait et que l'automatique brillait dans sa main. Lund avait croisé les bras au-dessus de sa grande poitrine. Il rit encore et ses bras s'ouvrirent.

En un instant, Rainey saisit l'objet du discours de Lund. Il l'avait fait pour mettre Carlsen en colère au-delà de toute endurance, pour lui faire sortir son arme. Aussi géant qu'il soit, il se déplaçait avec la grâce d'une panthère, avec une rapidité trop rapide pour que l'œil puisse l'enregistrer. Quelque chose brillait dans sa main droite, un pistolet, qu'il avait sorti d'un étui en bandoulière sur sa poitrine gauche.

Les plans se mélangeaient. Lund se tenait là, droit, indemne. Une tache rouge apparaissait entre les yeux de Carlsen. Il s'affala sur sa chaise, ses bras matraquant la table, son arme tombant de sa main inerte, son front frappant le bois comme le bruit du marteau d'un commissaire-priseur. Lund l'avait battu au tirage au sort.

Lund, qui n'était plus un Samson aveugle, avec du mépris dans ses yeux d'agate, observait le groupe dispersé d'hommes qui regardaient le mort d'un air sourd, comme s'ils étaient saisis par la démonstration d'un miracle.

"Tout va bien, Miss Simms", dit-il. "J'ai tué une mouffette. Rainey, prends ce pistolet et occupe-toi de la jeune femme, d'accord ?"

La jeune fille se tenait sur le seuil de la cabane de son père, le visage figé d'horreur, les yeux fixés sur Lund avec répulsion. Alors que Rainey prenait l'automatique, le glissait dans sa poche et se dirigeait vers elle, elle recula devant lui. Mais sa voix était pour Lund.

"Espèce de meurtrier !" elle a pleuré.

Lund lui sourit, mais il n'y avait aucun rire dans ses yeux.

"Nous en discuterons plus tard, mademoiselle", dit-il. "Maintenant, vous les hommes, sautez tous en avant . Deming, déverrouillez cette porte. *Sautez !* Vous êtes égal, n'est-ce pas ? Je vais vous montrer qui est le maître de ce navire. Attendez !"

Sa voix claqua comme le claquement d'un fouet et ils s'arrêtèrent tous, à l'exception de Deming, qui, d'un air maussade, glissa la clé dans la serrure de l'entrée du couloir.

"Prends ça avec toi", dit Lund, désignant le corps affaissé de Carlsen. "Lorsque vous Si tu en as marre de sa compagnie, jette-le par-dessus bord. Allez-y ! »

Les hommes les plus proches s'emparèrent du corps du médecin et s'avancèrent tous, obéissant silencieusement à l'homme qui leur ordonnait.

"Ils n'ont pas tous été fouettés " , a déclaré Lund. "Pas ces chasseurs. Ils souffrent toujours du clignement de l'or, mais je vais nettoyer leur vue pour eux . Prends soin de la dame et de son père, Rainey."

Tamada entra comme si de rien n'était. Il portait un plateau de vaisselle et de couverts qu'il déposa sur la table.

"Peu importe de réserver une place à Carlsen, Tamada ", a déclaré Lund. "Il a perdu l'appétit – de façon permanente." Le visage de l'Oriental ne changea pas.

"Oui, monsieur," répondit-il.

La jeune fille frémit. Rainey vit que Lund était enthousiasmé par sa victoire, que la brute de combat primitive était proéminente. Carlsen avait essayé de tirer le premier, poussé à le faire ; sa mort était méritée ; mais il semblait à Rainey que l'exposition de sauvagerie de Lund était inutile. Mais il voyait aussi que Lund ne tiendrait compte d'aucune protestation qu'il pourrait faire, il était toujours emporté par son plan d'action, pas encore terminé.

"Je vais emprunter le sextant de Carlsen", a déclaré Lund. " Vers midi, c'est à peu près l'heure où je dois rendre nos comptes . " Il entra dans la cabine du médecin et en ressortit avec l'instrument, le plaçant sous son bras alors qu'il montait sur le pont.

Tamada poursuivit impassiblement ses préparatifs. Il s'arrêta devant la petite flaque de sang à l'endroit où la tête de Carlsen avait heurté la table, se tourna et disparut vers sa cuisine, ressortant aussitôt avec un chiffon mouillé.

La jeune fille mit ses mains sur ses yeux pendant que Tamada nettoyait méthodiquement les taches révélatrices.

"La brute !" dit-elle. Puis elle lui retira les mains et les tendit vers Rainey.

« Que va-t-il faire de mon père ? dit-elle. "Il pense que papa l'a abandonné. Et le médecin qui aurait pu le sauver est mort. Mon Dieu, que dois-je faire ? Que dois-je faire ?"

Rainey se surprit à murmurer quelques tentatives de consolation, une défense de Lund.

"Toi aussi?" » dit-elle avec un mépris qui, aussi immérité soit-il, piqua Rainey jusqu'au vif. "Tu es de son côté. Oh!"

Elle entra dans la chambre de son père et ferma la porte. Rainey entendit le déclic du verrou de l'autre côté. Tamada continuait à dresser la table. Rainey vit qu'il avait laissé la place de Carlsen vacante. Il a écouté un moment, mais n'a rien entendu dans la cabine du patron. La rapidité des événements était encore confuse. Lentement, il remonta la descente jusqu'au pont.

CHAPITRE XI

SIMMS HONNÊTES

Lund salua Rainey d'un bref signe de tête. Hansen était toujours aux commandes. L'équipage de service était en alerte, les yeux rivés sur Lund. Ils avaient trouvé un nouveau maître et ils étaient intimidés, désireux de faire de leur mieux.

"Il n'est pas encore midi", dit Lund. "Je n'ai pratiquement pas besoin de photographier le soleil avec la terre si proche."

Rainey regarda par-dessus la proue tribord jusqu'à l'endroit où une série de pics et de bosses inférieures bleu foncé proclamaient le pont de l'île Aléoutienne s'étendant loin à l'ouest.

"Je vais montrer à cet équipage qu'ils ont un skipper à bord", a déclaré Lund. "Comment va le capitaine ?"

Rainey lui a dit.

"Nous verrons ce que nous pouvons faire pour lui", a déclaré Lund. "Il est mieux sans ce fakir, c'est un jeu d'enfant. Il m'a traité d'assassin", a-t-il poursuivi avec un rire de bonne humeur. " Elle a du courage, elle l'a. Et elle est un peu soignée. Une petite fille, mais elle est en jeu. Une " belle apparence ", hein, Rainey ? "

Il jeta un regard aigu au journaliste.

"Vous aussi, vous êtes dans le pétrin, n'est-ce pas ? Nous réglerons ça dans un moment. Elle ne sait pas quand elle va bien. La plupart des femmes ne le savent pas. Et elle est du genre à avoir besoin d'être soignée ." c'est vrai. Elle est bouleversée maintenant, naturellement, et elle me déteste.

Il sourit comme si la perspective lui convenait. Un soupçon germa dans l'esprit de Rainey. Lund avait déclaré qu'il ne verrait pas qu'une fille honnête soit blessée. Mais l'homme a changé. Il avait combattu et gagné, et la victoire brillait dans ses yeux avec un éclat qui était insensible à la sympathie, malgré son air bon enfant.

Il avait dit qu'un homme dans sa peau n'était qu'un animal. Son évaluation de la jeune fille frappa Rainey avec appréhension. "Au vainqueur appartient le butin." D'une manière ou d'une autre, la citation a persisté. Et si Lund considérait la fille comme un butin légitime ? Il aurait pu parler différemment auparavant, pour s'assurer du soutien de Rainey.

Et Rainey eut soudain l'impression que son soutien n'avait pas été sollicité, qu'il n'était au mieux qu'un fragile roseau. Lund n'avait pas eu besoin de lui, aurait-il besoin de lui, sauf comme aide, pas tout à fait nécessaire, avec Hansen à bord, pour faire fonctionner le navire ?

Il ne dit rien, mais fourra ses deux mains dans les poches latérales de la veste de pilote qu'il avait achetée dans les provisions du navire. Le contact soudain de l'acier froid lui donna un nouveau courage. Il avait juré de protéger la jeune fille. Si Lund, ressemblant plus que jamais à un pirate, avec ses yeux froids balayant l'horizon, sa corpulence faisant de Rainey un nain en comparaison, tentait de nuire à Peggy Simms, Rainey résolut de jouer le rôle de champion.

Il ne pouvait pas tirer comme Lund, mais il était armé. Il y avait sans doute plus de cartouches dans le chargeur. Et il doit immédiatement sécuriser le reste de la cabine de Carlsen.

Le soleil atteignit son zénith et Lund s'occupa de son sextant. Rainey décida de lui demander de lui apprendre à s'en servir. Son consentement ou son refus lui indiqueraient où il en était avec Lund.

Il sentait la maîtrise de l'homme. Et il se sentait incompétent à ses côtés. Carlsen avait raison. Un navire en mer était un petit monde à part entière, et Lund en était désormais le seigneur. Un seigneur qui exigerait allégeance et la ferait respecter. Il détenait le pouvoir de vie et de mort, pas seulement par la force brute. Il était le seul navigateur à bord, le skipper étant gravement malade. Seul, il les tenait dans sa main, une fois hors de vue de la terre.

"Hansen," dit Lund, "M. Rainey vous remplacera après que nous aurons mangé. Allez, Rainey. Vous n'avez pas perdu l' appétit, j'espère. Regardez-moi jeter cette cuillère pour un couteau et une fourchette. Je Je n'ai plus besoin de jouer à l'aveugle Enny ."

La nourriture ne plaisait pas à Rainey. Il ne pouvait s'empêcher de penser à l'endroit sous le tissu où Tamada avait essuyé le sang de l'homme qui venait de être tué par Lund, assis en face de lui, faisant le jeu d'une double portion de victuailles.

C'était l'insensibilité apparente de Lund qui l'affectait plus que sa propre dégoût. Il ne pouvait pas regretter la mort de Carlsen. Avec le médecin vivant, sa propre existence aurait été une menace constante. Mais il n'était pas habitué à assister à des massacres, même si, dans son service au bord de l'eau, il n'était pas étranger aux sinistres tragédies maritimes.

C'est l'attitude de Lund qui l'a saisi. Le géant avait renvoyé Carlsen aussi sans ménagement qu'il aurait renversé les cendres d'un cigare ou jeté le mégot par-dessus.

"Je dois m'attaquer à ces chasseurs", a déclaré Lund. "Je m'attends à des problèmes là-bas, tôt ou tard. Mais je vais leur faire la loi . S'ils disent la vérité, eh bien, c'est bien, ils perdent leurs deux actions initiales. Sinon, ils n'obtiendront pas." un nickel branché. Et " Deming est celui qui va semer le trouble, prenez-le-moi. Dites à Hansen d'éteindre sa montre, je ne prendrai pas de pont avant un jour ou deux, vous devrez continuez à vous en occuper . Je dois faire la paix avec la fille et faire ce que je peux avec le capitaine.

"Il ne fera pas la paix facilement. Mais le capitaine est en mauvaise posture."

Lund a allumé sa pipe.

"Je plaisanterais en disant que c'était la guerre. Je ne pense pas que nous puissions beaucoup aider le capitaine à moins d'essayer d'inverser le traitement de ce que Carlsen a fait. Si nous savions ce que c'était ? S'il empire, elle nous laissera faire." Je sais, je pense. Mebbe, tu peux suggérer quelque chose ?

Rainey secoua la tête.

"Je suppose qu'elle peut faire plus que n'importe lequel d'entre nous", a-t-il déclaré.

Lund hocha la tête, puis siffla Tamada en quittant la cabine.

"Apportez une bouteille de whisky au mess des chasseurs, avec mes compliments. Cela leur donnera environ trois secousses chacun", dit-il à Rainey. " Tant que nous avons gagné, autant les laisser tomber facilement. Mais ils travailleront pour leurs actions, plaisante quand même. Un verre ou deux peuvent les aider. " j'avale ce que je vais leur donner en guise de dessert dans la file d'attente . À plus tard."

Rainey accepta le licenciement et monta au secours de Hansen. Il ne mentionna pas ce qui s'était passé jusqu'à ce que le Scandinave y fasse indirectement référence.

"Ils ont mis le docteur par-dessus bord, monsieur, bientôt M. Lund et vous allez en bas."

Cela ressemblait à un renvoi sommaire des morts, sans cérémonie. Pourtant, pour que le rite soit authentique, Lund devait avoir présidé, et le service funéraire en mer aurait été une moquerie dans ces circonstances. C'était la meilleure chose à faire, pensait Rainey, mais il ne pouvait éviter un frisson mental à la pensée de l'homme, si récemment vital, le cerveau vivant d'énergie, glissant dans l'eau froide jusqu'au limon pour y rester allongé, détrempé. , se balançant avec les courants sous-marins jusqu'à ce que les charognards de l'océan le réclament.

"Très bien, Hansen," dit-il en réponse, et l'homme s'enfuit précipitamment après ses détails supplémentaires.

Lund arriva au bout d'un moment et Rainey lui parla du sort réservé au corps de Carlsen.

"Je pensais qu'ils feraient cela", a commenté Lund. "Ils ont compris qu'il avait pour objectif d' en faire des idiots , et ils l'ont largué. Mais ils ne sont pas de notre côté, à long terme. Je m'en fous. S'ils veulent bouder, qu'ils le laissent. Ils boudent. Mais ils garderont leur quart, et, quand nous irons à la plage, ils feront leur part de creuser . S'ils ont besoin de les conduire , je les conduirai .

"Ce Deming est un homme meilleur que je ne le pensais. C'est le principal râleur parmi eux . Il a dit que si je n'avais pas eu d' arme , il m'aurait attaqué dans la cabine. Je le pensais aussi, même si je l'aurais écrasé." " Il a mal parce que j'ai dit qu'il n'avait pas prévenu mon égal. Je lui ai dit que chaque fois qu'il voudrait l'essayer, je l'accommoderais. Il ne l'a pas accepté et ils se moqueront de lui. Il va m'en vouloir. Je n'ai pas peur qu'ils me poignardent , pas pendant que le capitaine est malade. Ils ont besoin de moi pour naviguer.

"Cela pourrait être une bonne occasion pour moi de manipuler un sextant", suggéra Rainey avec désinvolture.

Lund secoua la tête en souriant, mais ses yeux étaient durs.

"Pas encore, mon pote ", dit-il. "Non pas que je ne te fasse pas confiance, mais le fait que je sois le seul, en plaisantant maintenant, est une sorte d'assurance-vie qui me convient. Ils pourraient croire , si tu étais capable de naviguer, qu'ils pourraient mettez-vous les vis pour les mener à bien, avec moi à l'écart. Je ne dis pas qu'ils pourraient, mais ils pourraient vous compliquer la tâche, et vous n'avez pas tout à fait le même intérêt que moi. ".

C'était là une logique froide, mais Rainey en a vu la force. Hansen est arrivé tôt pour partager la montre et remettre leur emploi du temps au bon endroit, et Lund est descendu avec Rainey. Lund ordonna à Tamada d'apporter une bouteille et des verres, et ils se mirent à table. Rainey avait besoin d'un verre et en prit un.

Alors que Lund levait son verre en portant un toast « Voici de la chance », la porte du capitaine s'ouvrit et la jeune fille apparut. Elle ressemblait à un fantôme. Ses cheveux étaient ébouriffés et ses yeux les fixaient sans paraître les reconnaître. Mais elle parla, d'une voix plate et sans ton.

"Mon père est mort ! Je..." elle hésita, vacilla et sembla s'évanouir alors qu'elle s'enfonçait vers le sol. Rainey s'est précipité en avant, mais Lund a été plus rapide et l'a prise dans ses bras comme si elle avait été une plume, l'a emmenée à table, l'a installée sur une chaise, a trempé une serviette dans de l'eau et l'a appliquée sur ses sourcils.

« Frottez-lui les poignets », ordonna-t-il à Rainey. "Défaites le bouton du haut de son chemisier. Ça suffit; elle n'a pas mis de corset. Elle s'en sortira. L'aplomb est usé. C'est tout."

Il la manipulait adroitement, comme une infirmière le ferait avec un enfant. Rainey frotta les poignets fins et frappa ses paumes, et bientôt elle ouvrit les yeux et soupira. Puis elle s'éloigna de Lund, se pencha sur elle et se releva.

"Je dois aller chez mon père", dit-elle. "Il est mort."

Ils la suivirent dans la cabine et Lund se pencha sur la couchette.

"On dirait", murmura-t-il à Rainey. Puis il a déchiré le gilet et la chemise du capitaine et a posé sa tête sur sa poitrine. La jeune fille fit un léger mouvement comme pour l'arrêter, mais ne le gêna pas. Elle était à bout de forces, de lassitude et d'inquiétude. Lund releva soudain la tête.

"Il y a un battement", annonça-t-il. "Il n'est pas encore parti . Apportez Tamada et du cognac."

Les Japonais, par intuition, étaient déjà sur place et produisaient le cognac. Rainey versa une mesure. Les dents du capitaine étaient fermement serrées. Lund passa une grande main sur ses mâchoires, appuyant à leur jonction, les forçant à s'écarter, fermement, mais assez doucement, tandis que Rainey pressait quelques gouttes de cognac du coin de son mouchoir trempé. Lund caressa la gorge du malade, qui déglutit automatiquement.

"Encore du cognac", ordonna Lund.

Avec la dose suivante, des signes de réveil sont apparus, un faible gémissement de la part du capitaine. La jeune fille vola à ses côtés. Tamada , debout avec la bouteille, s'avança, tendit le cognac à Rainey et retroussa la paupière d'un œil, regardant attentivement la pupille.

"J'étudie la médecine à Tokyo ", a-t-il déclaré.

"Pourquoi ne l'as-tu pas dit avant ?" » demanda Lund. Il ne vint à l'esprit d'aucun d'entre eux de douter de la parole de Tamada . Il y avait chez lui un air d'assurance professionnelle et une efficacité qui avaient du poids. « Que pouvez-vous faire pour lui ? Il y a une pharmacie dans la chambre de Carlsen.

"J'ai été embauché pour cuisiner", dit doucement Tamada . "Je n'aurais pas dû être autorisé à intervenir. Ce n'est pas mon affaire si un homme blanc se ridiculise. Maintenant, nous voulons de la morphine et une seringue hypodermique."

Tamada retroussa la manche du capitaine. La chair, ratatinée, pâle, était étroitement tachetée de cicatrices en forme de points qui paraissaient livides, comme si le capitaine avait souffert d'une étrange éruption cutanée.

Lund siffla doucement. Rainey savait aussi ce que cela signifiait. Le capitaine avait été un véritable esclave de la drogue. Carlsen l'avait administré, prescrit, utilisé comme moyen de soumettre Simms à sa soumission. La jeune fille regarda étrangement Tamada .

"Est-ce qu'il aurait pris ça pour une sciatique ?" elle a demandé.

"Je pense que, peut-être, oui. L'injection sur les muscles soulage. Parfois guérit. Mais le capitaine Simms en prend trop. Supposons que cet approvisionnement soit interrompu très soudainement, puis il y a trop de frissons, peut-être un effondrement, peut-être..." La jeune fille lui serra le bras. .

"Tu voulais dire plus que ce que tu as dit. Cela pourrait signifier la mort ?"

"Je ne sais pas", répondit gravement Tamada . "Peut-être que si maintenant nous avons de la morphine, maintenant nous lui donnons une dose plus petite à chaque fois, tout ira bien." Il leva la main du malade et examina les ongles d'un œil critique. Ils étaient cassés, cassants.

Rainey était allé dans la chambre de Carlsen à la recherche de la drogue et de l'aiguille d'injection.

"Combien pensez -vous qu'il a pris d'un coup ?" Lund a demandé aux Japonais à voix basse.

"Quinze grains, je pense. Peut-être plus. Trop ! Toujours trop de drogue dans les veines. Bien pire que l'opium pour l'homme."

"Le travail de Carlsen", grogna Lund. "Il a augmenté les trucs sur lui jusqu'à ce qu'il ne puisse plus s'en passer. Il a fait de lui un esclave pour se droguer et Carlsen, son patron. Il méritait de tuer une plaisanterie pour ça, la mouffette."

Rainey fouilla frénétiquement dans l'armoire à pharmacie et, ne trouvant que cinq comprimés marqués *Morphine 1 gr.* en bouteille, cherché ailleurs en vain. Et il n'a trouvé aucune aiguille. Mais il tomba sur des cartouches automatiques et les mit dans ses poches avant de repartir en toute hâte.

"Cela ne suffit pas", a déclaré Tamada . "Et nous devrions avoir des aiguilles. Mais je les dissout dans la cuisine." Et il s'est dépêché. La jeune fille s'était agenouillée près du lit, tenant la main de son père contre ses lèvres, les yeux fermés. Elle semblait prier.

Rainey et Lund se regardèrent. Rainey essayait de se souvenir de quelque chose. Cela revint enfin, le souvenir de Carlsen glissant quelque chose dans sa poche alors qu'il sortait de la chambre du capitaine. Cela avait été le cas hypodermique ! Alors que cette pensée illuminait ses yeux, il vit un éclair dans ceux de Lund.

"Carlsen avait de la morphine sur lui", dit Lund à voix basse, pour ne pas déranger la jeune fille.

"Et l'aiguille !" » dit Rainey. "Et si?" Il sortit en courant de la cabine, dépassa Tamada et sortit de la cuisine avec les comprimés dissous dans un verre fumant avec de l'eau chaude. Rapidement, il fit part de ses soupçons.

"Ils l'ont peut-être fouillé en premier", dit-il avant de se diriger vers la cabane des chasseurs. Ils étaient assis autour de leur table et discutaient. En voyant Rainey, ils s'arrêtèrent brusquement et le regardèrent avec méfiance. Deming se leva.

"Quelle est l'idée ?" » a-t-il demandé et son ton n'était pas amical.

Rainey expliqua précipitamment. Deming haussa les épaules.

"Ils l'ont cousu dans de la toile au fo'k'le ", dit-il avec indifférence. "Aucun de nous ne l'a traversé. Je pense qu'ils ont fait faire le travail au gamin."

Rainey trouva Sandy dans sa couchette, endormie, essayant de faire une des siestes par lesquelles il compensait son manque de repos définitivement assigné. Le carrousel se réveilla en frissonnant, tressaillissant sous la main de Rainey.

"Ils m'ont obligé à le faire", a-t-il répondu. "Aucun d' entre eux ne le toucherait tant que je ne l'aurais pas cousu dans une vieille trinquette et un bord de bateau attaché pour le poids. Je ne suis pas entré dans ses poches. J'avais peur d'y toucher plus que je devais le faire. "

"Est-ce la vérité, Sandy ? Je me fiche de ce que tu as pris à part ce petit étui et un flacon de comprimés. Tu peux garder le reste."

"C'est la foutue vérité, Monsieur Rainey, aidez- moi", gémit Sandy. Et la vérité était dans ses yeux sournois.

Rainey est revenu avec ses nouvelles. Il imaginait que les cinq grains s'avéreraient temporairement suffisants. Et ils pourraient remplacer Unalaska. Il y avait des chirurgiens là-bas avec la flotte commerciale. Il pensait qu'il y avait probablement un hôpital.

Il leur faudrait expliquer la mort de Carlsen. On leur demanderait le but du voyage, examinait l'équipage. Cela pourrait signifier la détention, la défaite de l'expédition, ce que Lund avait craint, leur suivi jusqu'à l'île. Il se demandait comment Lund réagirait à ce projet.

Il a découvert que Tamada lui avait administré de la morphine. Les résultats bénéfiques étaient déjà visibles. La peau sèche et terriblement jaunâtre avait changé et Simms respirait librement tandis que Tamada , tâtant son pouls, hochait la tête affirmativement au regard interrogateur de la jeune fille.

"J'ai compris?" » demanda Lund.

Rainey a donné le résultat de sa recherche.

"Nous devrons nous rendre à Unalaska", a-t-il déclaré. "Il y a des médecins là-bas." La jeune fille se tourna vers Lund. Il sourit devant l'intensité de son regard et de sa pose.

"Je joue franc jeu, Miss Peggy", dit-il. "Rainey, change de cap."

Peggy Simms saisit la grande patte de Lund dans ses deux mains et, pour la première fois, les larmes débordèrent de ses yeux. Le *Karluk* arriva au moment où Rainey atteignait le pont et donnait ses ordres. Puis il est retourné à la cabane. Le capitaine avait ouvert les yeux.

« Péggy ! » murmura-t-il. "Carlsen, où est-il ? Lund ! Bon Dieu, Lund, tu vois ?"

"Restez silencieux autant que possible", a déclaré Tamada . Quelque chose dans sa voix poussa le skipper à tourner son regard vers le Japonais.

"Où est Carlsen ?" il a demandé à nouveau.

"Il ne peut pas venir maintenant", a déclaré Tamada .

Sous l'impulsion de la drogue, le cerveau du capitaine semblait anormalement clair, son intuition accrue.

« Carlsen est mort ? Il a demandé. Ensuite, nous nous dirigeons vers Lund. "Tu l'as tué, Jim ?"

Lund hocha la tête.

"Combien de morphine m'as-tu donné ?"

"Cinq grains."

" Ce n'est pas assez. Cela ne durera pas. *Il n'y en a plus ?* " lança-t-il, avec une énergie soudaine, en essayant de se relever.

"Nous intervenons pour Unalaska, Simms", a déclaré Lund.

"Jusqu'à quel point?"

"'Environ soixante-dix milles."

"Alors il est trop tard. Trop tard. La douleur s'est déplacée ces derniers temps vers mon cœur. Elle m'attrapera tout de suite."

La jeune fille lança un regard de haine à Lund, une accusation qu'il répondit calmement, aussi rapide que le changement était venu de la quasi-révérence avec laquelle elle lui avait serré la main.

"Je serai parti dans une heure ou deux", a déclaré le capitaine. "Je dois parler tant que ça dure . Jim... à propos de ton départ à ce moment-là. J'aurais pu revenir. J'en ai parlé... avec Hansen. Il le sait. Mais le vent était mauvais, et la glace. Ce n'était pas le cas. L'or, Jim. Je le jure. J'avais le navire , un équipage à surveiller. Une Peggy, à la maison.

"J'aurais peut-être pu y retourner plus tôt, Jim, je l'admets. Mais ce n'est pas l'or qui l'a fait. Et... je n'ai pas entendu ce que tu as crié, Jim. La tempête s'est levée. Nous étions gelé au moment où nous avons trouvé le navire.

"Alors, alors ; oh, mon Dieu, mon cœur !" Il se redressa, se tenant la poitrine, le visage convulsé par des spasmes de douleur. Tamada prit du cognac entre les dents qui claquaient. La sueur coulait sur le front du patron et il retomba, épuisé mais momentanément soulagé. La jeune fille s'essuya les sourcils.

"Cela me donnera la prochaine attaque", dit-il d'une voix faible. "Jim, ce problème m'a frappé le lendemain de notre départ de la banquise. Pas une sciatique, au début, mais dans la tête. Je n'arrivais pas à penser correctement. J'étais juste engourdi au cerveau. Et quand tout s'est dissipé, c'était Trop tard. La glace s'était refermée. Nous ne pouvions pas revenir en arrière. J'ai lu dans mon livre de médecine, Jim, plus tard, quand la sciatique m'a emporté.

"J'ai dû m'installer dans ma couchette. Je ne pouvais pas me tenir debout. J'avais de la morphine, et ça m'a soulagé. J'en ai pris trop au bout d'un moment. J'ai dû en prendre. Je me suis amélioré un peu à San Francisco. Puis Carlsen l'a prescrit. Morphine " C'était mon patron, et ensuite Carlsen, il était le patron de la morphine. On aurait dit... on aurait dit... *Plus de cognac, Tamada* ."

Sa voix était plus faible lorsqu'il reprit la parole. Ils se rapprochèrent pour entendre ses murmures.

" Carlsen - mon esprit n'était pas le mien. Peggy - je n'étais pas dans mon bon sens, chérie. Pas quand - Carlsen - il était un ange quand il m'a donné ce que je voulais - diable - quand il ne le voulait pas. M'a fait - "

"Elle aura le sien, Simms", a déclaré Lund. "Le tien aussi."

Les yeux du capitaine se fermèrent et sa silhouette s'enfonça sous les vêtements. La jeune fille se jeta sur le lit en pleurant de façon incontrôlable. Lund haussa les sourcils en direction de Tamada , qui haussa les épaules.

"Mieux vaut sortir d'ici", murmura Lund. Lui et Rainey sont sortis ensemble. Quelques minutes plus tard , Tamada les rejoignit, son visage de sphinx comme toujours.

"Il est mort", dit-il.

Rainey et Lund montèrent sur le pont. La goélette se dirigea vers le volcan, le repère d'Unalaska, caché derrière lui. Ils allaient et venaient en silence.

"J'imagine qu'il était 'Honest Simms', après tout", dit enfin Lund. "La fille me reproche la morphine, mais Carlsen n'a jamais voulu qu'il vive. Elle verra ça après un moment, peut-être ."

Rainey le regarda avec curiosité. Il avait un nouvel éclairage sur Lund.

Alors la jeune fille apparut, pâle, posée, s'approchant droit à Lund, qui s'arrêta à sa vue.

"Voulez-vous changer de cap, M. Lund ?" dit-elle.

Il la regarda avec surprise.

"Père a parlé une fois de plus. Après votre départ. Il ne veut pas que vous alliez à Unalaska. Il a dit que cela signifierait une ruée vers l'or; peut-être que vous devriez y rester. Il ne veut pas que vous perdiez l'or. Il veut que j'aie ma part. Il m'a fait promettre. Et il veut... il veut (elle se mordit violemment la lèvre pour réprimer ses sentiments) être enterré en mer. C'était sa dernière demande.

Elle se tourna et regarda par-dessus la rampe, luttant pour retenir ses larmes. Rainey vit sur elle le regard du géant, plein d'admiration.

"Comme vous le souhaitez, Miss Peggy", dit-il. "Hansen, à propos du bateau. Attendez une minute . Et vous, Miss Peggy ? Si vous voulez rentrer chez vous, nous pouvons trouver un moyen à Unalaska. Je joue franc-jeu. Je rapporterai votre part d'autrefois, dans son intégralité."

"Je ne pense pas à l'or", dit la jeune fille avec mépris. "Mais je veux exécuter les dernières volontés de mon père, si vous me le permettez. Je resterai à bord du navire. Maintenant, je retourne vers lui. Vous, vous" - elle réprima le tremblement de sa bouche et son menton montra ferme et déterminé : « vous pouvez organiser les funérailles demain à l'aube, si vous le voulez. Je le veux ce soir.

Son visage trembla pitoyablement, mais elle surmonta même cela et se dirigea vers la descente.

"Le jeu, par Dieu, le jeu tel qu'ils le créent !" dit Lund.

CHAPITRE XII

DEMING SE CASSE UN BRAS

Rainey, somnolent dans sa couchette, passant en revue les événements soudains de la journée, avait placé l'automatique de Carlsen sous son oreiller après l'avoir chargé. Il a constaté qu'il lui manquait quatre obus de pleine capacité, les deux que Lund avait tirés sur sa cible de bouteille, celui tiré par Carlsen sur Rainey, et le dernier tir inefficace sur Lund, un tir qui s'est égaré, a décidé Rainey, en grande partie grâce à Lund. *coup de théâtre* consistant à arracher ses lunettes et à les jeter sur le médecin.

La dynamo qu'il avait cru entendre ronronner à l'intérieur de Lund était désormais apparente avec vengeance, roulant à pleine puissance. C'est ce que sera désormais Lund, un conducteur, impératif, acharné, surmontant tous les obstacles ; comme il l'avait dit lui-même, égoïste dans l'âme, soucieux de ses propres fins.

Rainey n'était ni un faible ni un lâche, mais il reculait devant une rencontre ouverte avec Lund et se savait, sans crainte, l'homme le plus faible. Le défi de Lund, défiant magnifiquement chacun d'entre eux de s'opposer seul à lui et les défiant *en masse* , avait trouvé chez Rainey une reconnaissance d'infériorité qui n'était pas seulement physique.

Lund en savait bien plus que lui sur la classe d'hommes qui composait les habitants du *Karluk* . Rainey avait autrefois nourri avec tendresse l'illusion selon laquelle il connaissait un peu la nature de ceux qui « descendaient à la mer à bord de navires ».

Il savait désormais que son ignorance était colossale. De tels hommes n'étaient pas complexes, ils étaient mûs par l'instinct plutôt que par la raison, ils n'étaient pas guidés par la conscience, les valeurs du bien et du mal n'étaient pas intuitives chez eux, les muscles plutôt que l'esprit dirigeaient leur univers.

Pourtant Rainey ne parvenait pas à les résoudre, et Lund les connaissait comme on connaît son livre préféré.

Lund avait un cerveau, une ruse et une force brutale qui imposaient un respect qui n'était pas forcément dû au fait d'être plus faible. D'une certaine manière, il était magnifique. Et Rainey annonçait vaguement des problèmes lorsque le capitaine Simms fut finalement envoyé dans les profondeurs. Il était certain que les chasseurs dirigés par Deming préparaient quelque chose, mais, pour l'essentiel, sa prophétie mentale concernant les problèmes à venir était liée à la jeune fille.

Lund ne lui avait montré aucun manque de respect, bien au contraire. Mais la jeune fille montrait de la haine envers Lund et, dans une moindre mesure, envers Rainey. Une partie de cela disparaîtrait, naturellement. Rainey avait l'intention de tenter un ajustement en son propre nom. Mais il avait le sentiment que Lund ne tolérerait pas cette haine de la part de la jeune fille. Un tel mépris susciterait quelque chose dans la nature du géant, quelque chose qui soit frapperait sous le fouet, soit en rirait.

Rainey voyait vaguement ces choses comme des tâtonnements géants du sexe, non pas comme il l'avait connu, entourés de conventions, de courtoisies de placage du XXe siècle, mais comme une loi, primitive, irrésistible, balayant les barrières et l'opposition, une chose plus grande encore. que la convoitise de l'or ; l'attrait de la femme pour l'homme et de l'homme pour la femme.

Lund et la jeune fille, pensait-il, auraient cette chose dans une plus grande mesure que lui. Il partageait sa vie avec trop de choses, avec des livres, avec des divertissements, avec le ping-pong social du niveau dans lequel il évoluait habituellement.

Il y avait eu une fois une fille, peut-être y avait-il encore une fille, que Rainey avait connue lors d'une visite au palais du camp d'un roi du bois, dans les hauteurs des Sierras, une fille qui chevauchait, chassait et vivait dehors, et pourtant elle dansait glorieusement, chantait, cousait et était à la fois féminine et masculine, une exaspérante Diane des derniers jours, qui avait balayé Rainey pour l'époque.

Mais il savait qu'il n'était pas à la hauteur de ses attentes, qu'il n'était qu'un ver à papier, outre son manque de moyens. Ce dernier détail l'aurait, il le savait, gêné bien plus qu'elle. Mais elle annonça ouvertement qu'elle ne s'accouplerait qu'avec un homme qui avait survécu. Il s'imaginait plutôt que cela avait été un défi qu'il n'avait pas relevé. La matrice de sa propre vie à ce moment-là était un lit trop douillet. Eh bien, il vivait maintenant, se dit-il.

Au bord du rêve, il fut ramené par un bruit étrange sur le pont, un bruit de pas, de nombreuses voix et, pour couronner le tout, le mugissement de Lund, rugissant, non pour demander de l'aide, mais pour défier.

Rainey, à moitié endormi, sauta de sa couchette et se précipita hors de la pièce. Il n'avait aucun doute sur ce qui s'était passé ; les chasseurs avaient attaqué Lund ! Et, peu habitué à la possession d'armes à feu, encore somnolent, il oublia l'automatique, bien décidé à se rallier au cri du géant. Alors qu'il se dirigeait vers la descente, la jeune fille sortit de la chambre de son père.

"Qu'est-ce que c'est?" elle a pleuré.

"Lund... chasseurs !" » Rappela Rainey alors qu'il montait les escaliers à toute vitesse. Il crut entendre une « attente » de sa part, mais les piétinements et les cris résonnèrent fort à ses oreilles, et il se précipita sur le pont. En sortant , il aperçut le visage impassible de Hansen au volant, ses yeux bleu pâle jetant un coup d'œil sur l'ensemble de sa toile puis prenant une lueur alors qu'ils se tournaient au milieu du navire.

Lund ressemblait à un ours entouré par la meute de chiens. Il se tenait debout tandis que les six chasseurs le déchiraient et l'écrasaient. Deux l'avaient attrapé par le milieu, un par l'avant et un par l'arrière, et, alors que le combat faisait rage d'avant en arrière, ils ont été balancés, matraqués et frappés à coups de pied par Lund pour les empêcher d'atteindre l'arme dans son étui. en bandoulière sous son manteau, près de son aisselle.

Les bras de Lund se balançaient comme des massues, ses grandes mains tiraient sur leurs prises, tandis qu'il rugissait des volées de serments de défi en haute mer, secouant ou repoussant un homme de temps en temps, qui fonçait de temps en temps à l'attaque.

Même si le combat avait été bref à l'arrivée de Rainey, il y en avait de nombreuses preuves. Les vêtements étaient déchirés et les visages ensanglantés, et déjà les hommes haletaient tandis que Lund les traînait ici et là, se débattant, frappant, à moitié étouffés, mais remontant toujours par en dessous, comme un rocher qui surgit de l'éclatement d'une vague lourde.

Et la voix du combat, grognements et grognements, cris haletants et jurons brisés, était le bruit des bêtes voraces. D'après ce que Rainey pouvait voir en un instant avant de courir vers l'avant, aucun couteau n'était utilisé.

Un chasseur se précipita lourdement et avec confiance pour le rencontrer tandis que les autres mettaient Lund à genoux pendant un moment fatidique, s'empilant sur lui, matraquant des coups avec des cris gutturaux de victoire imaginaire.

L'homme de Rainey a frappé, et la force de son bras, soutenue par son poids de lancer, a brisé la garde de Rainey et a laissé le bras engourdi. L'instant d'après, ils étaient au corps à corps, se balançant follement, en proie à l'un des désirs d'abattre l'autre, de mutiler, de tuer. Un coup s'abattit sur la joue de Rainey, le renvoyant hébété, frappant follement, s'efforçant d'arrêter les coups de piston du chasseur qui l'agrippait, essayant de le faire trébucher, martelant le visage féroce au-dessus de lui alors qu'ils descendaient tous les deux et roulaient dans les dalots, se déchirant les uns les autres.

Il sentit les mains de l'homme sur sa gorge, lui faisant progressivement perdre sens, souffle et force, et leva son genou de toutes ses forces. Cela frappa le chasseur assez à l'aine, et il entendit l'homme gémir à cause de l'agonie soudaine. Mais lui-même était presque éliminé. L'homme sembla disparaître pendant une seconde, les doigts étouffants se détendirent et Rainey inspira. Ses yeux semblaient tendus à force de sortir de leurs orbites sous cette poigne féroce, et il y avait un brouillard devant eux à travers lequel il pouvait entendre le rugissement de Lund, sonnant comme le son d'une sirène qui lui disait qu'il se battait toujours, toujours confiant.

Puis il revit le visage du chasseur près du sien, sentit tout le poids de l'homme l'écraser, sentit la morsure des dents à travers le tissu et la chair, lui mordillant l'épaule alors que l'homme s'allongeait sur lui, s'efforçant de le retenir jusqu'à ce qu'il Il a retrouvé la force que le coup à l'aine avait temporairement interrompu.

Pendant un instant, l'esprit de Rainey s'affaissa, ses propres forces furent épuisées, sa volonté sapée, ses poumons aplatis. Pendant un instant, il eut envie de rester là, d'arrêter.

Puis le corps du chasseur se tendit pour l'action et, à cette sensation, la fierté déclinante de Rainey revint en force, et il se souleva et se tordit, matraquant l'autre sur ses reins jusqu'à ce que le roulis de la goélette les fasse se tordre, tombant à nouveau sous le vent. .

Il avait l'impression de se battre depuis une heure, et pourtant tout s'était passé pendant le saut du *Karluk* entre deux longues houles qu'il avait négocié avec une embardée latérale vers la mer et le vent croisés.

Rainey est arrivé en tête. La tête du chasseur a heurté lourdement le rail. Son épaule était libre, mais il pouvait voir des effilochages dans les dents de l'autre. La douleur dans son épaule était évidente et la vue des fragments de laine le rendait fou. Les tactiques des combats de garçons lui revinrent, et il se détacha des bras qui l'étreignaient, s'attela en avant jusqu'à s'asseoir sur la poitrine du chasseur, posa un genou sur chaque biceps et frappa le visage de l'autre alors qu'il se tordait d'un côté à l'autre. impuissant, en faisant une bouillie, soucieux d'effacer toute apparence d'humanité, une brute comme les autres, déterminé à meurtrir, à saigner, à réduire toute résistance en une masse frémissante et brisée.

Le chasseur resta enfin immobile sous lui, ses centres nerveux brisés par un coup qui les avait court-circuités, et Rainey se leva avec lassitude. Les pouces du chasseur s'étaient enfoncés profondément de chaque côté de son cou, et sa tête ressemblait à du bois à cause de la lourdeur, mais elle était irritée par la douleur. La vigueur était hors de lui. Il savait qu'il ne pourrait pas supporter un autre combat au corps à corps avec l'un des manifestants toujours en colère autour de Lund, qui était de nouveau debout.

Rainey vit son visage, un masque rouge de sang et de cheveux, avec ses yeux d'agate brillant de la gloire du combat. Il ne rugit plus, sauvant son souffle. Les mains s'agrippèrent à lui et les poings tombèrent, un homme tirait sur chaque genou de ses jambes, écartées, robustes comme les mâts eux-mêmes.

Le bras de Lund s'est levé, soulevant un chasseur du pont, l'a secoué d'une manière ou d'une autre et s'est écrasé. L'un des hommes qui s'attaquaient à ses jambes tomba insensé du coup qu'il avait reçu sur le côté du crâne, et le coup de pied de Lund l'envoya sur le pont, mou, hors du combat qui ne pouvait pas durer plus longtemps.

Tout cela se produisit alors que Rainey, toujours abasourdi, s'aidait par la lucarne vers son compagnon, allant aussi vite qu'il le pouvait pour récupérer son arme. S'il ne se dépêchait pas , il était certain qu'ils tueraient Lund. Aucun homme ne pourrait résister à de telles difficultés plus longtemps.

Et si Lund était tué, l'enfer se déchaînerait. Ce serait ensuite son tour, et la jeune fille serait laissée à leur merci. Cette pensée le stimulant, éclaircit sa tête lancinante, secouée par les fracas de son adversaire encore insensé qui allait bientôt revenir à lui.

Puis il vit la jeune fille, debout près de la balustrade, non pas accroupie, comme il s'y attendait d'une manière ou d'une autre, fermant la vue du combat avec des mains tremblantes, mais avec son visage illuminé, ses yeux brillants, observant, comme une servante romaine. aurait pu assister à un combat de gladiateurs ; ravi du spectacle, les mains agrippées au rail, un peu penchées en avant.

Elle ne remarqua pas Rainey alors qu'il se faufilait près de Hansen, guidant toujours la goélette, la maintenant sur sa route, imperturbable, apparemment insouciant du problème. Alors qu'il descendait les escaliers en titubant, la ligne de pensée qu'il avait poursuivie dans sa couchette, interrompue par le bruit du combat et sa participation, lui vint à l'esprit.

C'était du sexe, primitif, prédominant ! La jeune fille doit sentir ce qui pourrait lui arriver si Lund tombait. Elle n'avait pas d'yeux pour Rainey, son âme était en colère, soutenant Lund. L'éclat dans ses yeux était dû à la force de sa première virilité, comparée au reste, non pas en tant que personne, individu, mais en tant qu'incarnation du mâle conquérant.

Il prit l'arme et but une gorgée d'eau-de-vie qui coula dans ses veines comme un tir rapide, le ranimant de sorte qu'il gravit l'échelle en courant et arriva sur le pont prêt à prendre une main décisive.

Mais il ne trouvait pas facile de risquer un coup de feu dans cette masse tourbillonnante. Ils semblaient tous fatigués. Les coups ne montaient plus et ne tombaient plus. Lund traînait lentement leur poids mort vers le mât. Les deux hommes sur le pont gisaient toujours là. L'adversaire de Rainey essayait de se relever, essuyant maladroitement le sang sur son visage, aveuglé.

La jeune fille se tenait toujours près de la rampe. Derrière la masse en lutte se tenaient les marins, proposant de ne pas prendre part, les bras levés comme des singes, leurs visages ternes travaillant. Tamada se tenait à côté du compagnon d'avant, les bras croisés, indifférent, neutre.

Puis il a vu la fille debout près de la rampe

Rainey voyait tout cela pendant qu'il tournait en rond, tandis que la masse tournait comme un teetotum. L'action s'est déroulée comme un film kinétoscopique prolongé . Un homme s'est détaché de la mêlée, du côté opposé à Rainey, qui a à peine reconnu la silhouette échevelée au visage ensanglanté et meurtri comme étant Deming. Le chasseur avait réussi à mettre la main sur le fusil de Lund. Le but de Rainey fut masqué par une brusque poussée du groupe d'hommes. Il vit Lund se soulever, vit son visage rouge se relever, la bouche ouverte, rugissant une fois de plus, vit sa jambe se relever dans un formidable coup de pied qui attrapa le bras hors de niveau de Deming près du coude, vit la lueur du pistolet alors qu'il filait vers le haut et par-dessus bord. , et Deming reculant en titubant, s'agrippant à son membre cassé, jurant de douleur, pour se heurter au bastingage et crier aux matelots :

« Lancez-vous, foutus lâches ! Lancez-vous et installez-le !

Même à cet instant, le sarcasme du cri de « lâches » frappa Rainey. La seconde suivante, la jeune fille avait sauté à côté de lui, un éclat de métal dans la main alors qu'elle la sortait de son chemisier. Cette fois, elle l'a vu. "Allez!" elle a pleuré. Et s'est précipité entre les combattants et la silhouette d'assaut de Deming, qui a tenté de la saisir avec son seul bras valide, mais n'a pas réussi.

Rainey courut après elle au moment où Lund atteignait le mât. La jeune fille avait un pistolet nickelé à la main et menaçait la file maussade des marins indécis. Rainey et son arme n'étaient pas nécessaires. Il entendit Lund pousser un cri de triomphe et le vit frapper la tête de trois personnes qui s'accrochaient encore à lui.

Tout au long du combat, Lund avait gardé la tête haute, luttant pour atteindre le but qu'il avait finalement atteint, atteindre le mât de goupilles d'assurage, s'emparer d'une des massues en bois dur et, avec cette arme, repousser ses assaillants jusqu'au pont.

Il se tenait contre le mât, ses vêtements presque arrachés, le blanc de sa chair luisant à travers les lambeaux, sillonné de sang. À l'exception de ses yeux, son visage n'était plus humain, seulement une masse de chair écorchée et de barbe coagulée. Mais ses yeux étaient illuminés par le combat et puis, alors que Rainey le regardait, ils changèrent. Quelque chose de surprise, puis de plaisir, les envahit, suivi d'une explosion brûlante qui correspondait à celle de la jeune fille qui, avec Rainey rassemblant les marins, s'était retournée au cri de victoire de Lund.

Lund fit un pas en avant au-dessus des corps étendus des hommes sur le pont, tachés de sang.

"Par Dieu!" » dit-il lentement, les bras ouverts, les gros doigts écartés, le regard posé sur la jeune fille, « par Dieu !

Le visage de la jeune fille a changé. Ses yeux devinrent effrayés et froids. Le sang qui s'éloignait laissa ses joues pâles, et elle fit volte-face et s'enfuit, esquivant derrière Tamada , qui céda la place pour la laisser passer, ses traits ivoire ne montrant aucune émotion, fermant la descente avant tandis que Peggy Simms plongeait en dessous.

Lund ne la suivit pas. Au lieu de cela, il rit brièvement et sembla voir Rainey pour la première fois.

"Il m'a sauté dessus, toute la bande ! " » dit-il, la poitrine haletante, sa respiration venant de ses poumons laborieux. "Je ne pouvais pas utiliser mon arme. Mais je les ai léchés . Bon sang ! *C'est égal ?* Bon sang !"

Il semblait avoir un souvenir précis du combat. Il sourit sinistrement à Deming, qui le regarda fixement, soignant son bras cassé, puis jeta un coup d'œil à l'homme que Rainey avait maîtrisé.

"Je l'ai fait, hein ? Tant mieux pour toi, mon pote ! Tu n'avais pas besoin d'utiliser ton arme. En plaisantant aussi, tu aurais pu m'avoir branché. Et la fille en avait une, après tout."

Il semblait ruminer cette pensée comme si elle lui donnait un sujet particulier de réflexion.

"Jeu!" il a dit. "Jeu comme ils les font ! "

Il observa les combattants tristes et gémissant avec un sourire de conquérant, puis se tourna vers les marins.

"Ici vous!" » rugit-il, et ils sursautèrent comme galvanisés par le cri. "Jetez-leur un seau d'eau dessus ! Jetez de l'eau jusqu'à ce qu'ils tombent en dessous. Ensuite, nettoyez les ponts. Hors surveillance, vous n'êtes plus là. En bas avec vous, là où vous appartenez. Sautez !

"Ils se sont tous battus équitablement", a-t-il poursuivi. "Pas un couteau sorti. Seul Deming là-bas, quand il a su qu'il avait été léché, a essayé de sortir mon arme. Vous criez, Deming", a-t-il dit, avec un mépris qui était comme s'il avait craché au visage du chasseur. "Je pensais que tu étais un homme meilleur que les autres. Mais tu as des années . Descends en bas et nous allons te soigner."

Il se dirigea vers Hansen, tranquillement au volant.

"Wal, espèce de tête carrée à face de bois ", dit-il, "par quel côté pensais-tu que ça allait sortir ? Bon sang si tu n'avais pas joué au carré, cependant ! Tu l'as gardée éveillée. Si tu avais voulu, tu aurais pu la jeter. " Nous étions tous affalés, et cela aurait fini par me mettre à terre. Tu prends une bouteille d'alcool pour ça, Hansen, tout cela pour ton propre ventre scandinave. Allez, Rainey. Tamada , je te veux. "

Pendant que Tamada mettait des attelles et faisait ce qu'il pouvait pour le bras gravement brisé, Lund se moquait de Deming jusqu'à ce que le visage du chasseur soit marqué d'une férocité inutile, comme celui d'une belette dans un piège.

"Je me demande si tu l'as soigné, Tamada ", dit-il. "Il voulait te retirer de ta part d'autrefois. Il t'a traité de païen à la peau jaune, Tamada . Qu'est-ce qui te fait l'aimer ainsi ? Tu l'as là où tu le veux."

Tamada , attachant les attelles de manière professionnelle, regarda Deming avec des yeux de jetée qui ne révélaient aucune émotion.

Lund se passa la main sur le visage.

"Je suis moi-même en désordre", dit-il en étirant ses grands bras. "Donne-moi un verre à cinq doigts, Rainey, avant de nettoyer. Des débris. L'enfer éclate sur le pont et un homme mort dans la cabine ! Et la fille ! As-tu vu la fille, Rainey ?"

Hors du masque ensanglanté de son visage, ses yeux d'agate brillaient vers Rainey avec une sorte de malice bon enfant. Rainey ne répondit pas tandis qu'il versait l'alcool.

"Faites-en quatre doigts ", s'est exclamé Lund. "Deming va s'évanouir. Un pour Doc Tamada ."

Les Japonais s'excusèrent et aidèrent Deming, épuisé par la douleur et consumé par une haine déconcertée, à avancer dans le couloir de la cuisine. Puis il est revenu avec de l'eau tiède dans une bassine et des serviettes.

"Après cette joyeuse petite bagarre", dit Lund en s'essuyant le visage, "nous aurons peut- être un bateau agréable, calme et distingué. Mon arme est passée par-dessus bord, n'est-ce pas ? Mieux vaut me laisser celui-là, tu' "Je l'ai, Rainey."

Il tendit la main pour cela. Rainey l'a livré, à contrecœur. Il n'y avait rien d'autre à faire, mais il sentait plus que jamais que le *Karluk* devait désormais être un navire à un seul homme, exploité au gré de Lund.

Mais la jeune fille aussi avait une arme. Il serra cette pensée dans ses bras. Elle le portait pour sa propre protection et elle n'hésiterait pas à l'utiliser. Quelle fille elle était ! Quelle femme plutôt ! Une femme qui voudrait *s'accoupler* – et non se marier pour la sécurité tranquille d'un foyer. Rainey la considérait comme on pense à une mare qu'on sonde avec une pierre, croyant la trouver assez peu profonde, pour y découvrir un golfe à la profondeur et aux courants inconnus, capable de placide sourire ou de tempête soudaine.

CHAPITRE XIII

LES CARTOUCHES DE FUSIL

La jeune fille ne s'est pas présentée au repas du soir. Elle avait refusé les suggestions de Tamada à travers la porte. Lund but beaucoup, mais sans aucun effet, si ce n'est de le plonger dans un silence relatif, alors que lui et Rainey étaient assis ensemble, après que les Japonais eurent débarrassé la table. Contrairement à l'excitation du combat, leurs humeurs avaient changé, dégrisées par la pensée de la jeune fille assise avec ses morts dans la chambre du capitaine.

Rainey était meurtri et raidi, et Lund bougeait avec moins de sa facilité habituelle. La chair de son visage avait été tellement martelée qu'elle devenait pourpre terne par grandes taches, lui donnant une apparence diabolique sur sa barbe nommée.

"Nous devons mettre la main sur ces cartouches", dit-il après une longue pause. " Carlsen les avait plantés quelque part, et c'est probablement dans sa chambre. La meilleure chose à faire est de les jeter par -dessus bord. Il est moins coûteux de jeter les cartouches et les obus que les carabines et les fusils de chasse.

"Vous voyez," poursuivit-il, "Deming n'a pas abandonné. C'est une chose avec un homme qui est strié de cris, quand il se fait lécher en plein air et sait qu'il est léché comme il faut, il essaie de le faire même sournoisement. Il sait Je plaisante aussi bien que moi que Carlsen mentait à ce moment-là en disant qu'il n'y avait plus d'obus. Bien sûr, le capitaine les a peut-être rangés, mais j'en doute. Une plaisanterie tant qu'il pense qu'il y a une chance de en s'en occupant , il s'efforcera de renverser la situation un jour . Et il travaillera avec le reste d' entre eux à la hauteur du travail.

"Ils ne peuvent pas faire grand-chose sans navigateur", a suggéré Rainey.

" Ils pensent peut-être qu'un homme fera beaucoup de choses qu'il ne veut pas faire avec un canon de fusil coincé dans le cou ou dans le bas du dos", a déclaré Lund d'un ton sombre. "C'est un bon moyen de persuasion. Cela pourrait même avoir une certaine influence sur moi. Mais là encore, ce n'est peut-être pas le cas."

"Où est le magazine ?" » demanda Rainey.

"Dans la petite pièce à l'arrière de la cuisine. Nous y regarderons d'abord. Allez."

"Et les clés ? Celles de Carlsen devaient être dans ses poches. Je ne les ai pas vues quand je cherchais la morphine. Nous ne pouvons pas y entrer." Rainey se dirigea vers la chambre du capitaine. Lund rit.

"J'avais les clés du coffre-fort et du magazine lorsque j'étais à bord lors du dernier voyage", a-t-il déclaré. "Ils étaient avec moi quand nous sommes allés sur la glace. Et je me suis accroché à eux . Allus pensait que j'aurais peut-être une chance de les utiliser . encore une fois ."

La chambre forte du *Karluk* était un compartiment étroit, fortement séparé de la cuisine et du couloir. Il y avait une lampe là-bas, et Rainey l'alluma pendant que Lund fermait la porte derrière eux. Le magasin était un coffre en fer fixé au plancher et au flanc du navire par deux cadenas, ouvert par des clés différentes. C'était assez vide.

"Homme minutieux, Carlsen", a déclaré Lund. "Préparé pour une confrontation, si nécessaire. Il aurait pu les mettre dans le coffre-fort. Je me demande s'il a changé la combinaison ? Je parie que Simms ne l'a pas fait, année après année."

Il travailla sur le disque et grogna tandis que les gobelets s'enclenchaient.

"Cela n'a pas changé", a-t-il déclaré. "Inutile de chercher ici." Mais il ouvrit la porte et fouilla dans les livres et les papiers, dérangeant un chronomètre et une petite caisse qui contenait la somme limitée d'argent liquide de la goélette. Il n'y avait aucune trace de cartouche.

"Nous allons ensuite nous attaquer à la chambre de Carlsen", annonça-t-il. "Je ne suppose pas que vous ayez regardé entre les matelas superposés, n'est-ce pas ?"

"Je n'y avais jamais pensé", a déclaré Rainey. "Je n'imaginais pas qu'il y en aurait plus d'un."

" J'ai l'impression que vous en trouverez deux sur la couchette de Carlsen. Et les obus entre eux . Il gardait sa porte verrouillée lorsqu'il sortait de la cabine principale et " dormait " ces nuits. C'est ce que j'ai pensé. serait susceptible de le faire.

Alors qu'ils entraient dans la cabine principale, Rainey attrapa Lund par le bras.

"Je suis presque sûr d'avoir vu la porte de Carlsen se fermer", murmura-t-il. "C'était peut-être l'ombre."

"Mais ce n'est peut-être pas le cas. Je ne devrais pas m'étonner. L'un d' eux s'est faufilé à l'intérieur. J'ai vu la cabine vide et j'ai cru que nous nous y étions rendus. Pendant que nous étions dans la chambre forte."

Il sortit l'automatique de sa poche et se dirigea directement vers la porte de la chambre de Carlsen. Il était verrouillé ou verrouillé de l'intérieur.

"L'idiot!" dit Lund. "J'ai bien envie de le laisser rester là jusqu'à ce qu'il avale un peu de drogue pour se remplir le ventre." Il a frappé sur le panneau avec la crosse de son arme.

"Sortez avant que je commence des ennuis."

Il n'y avait pas de réponse. Lund regarda Rainey avec incertitude.

"Je déteste recommencer un chahut " , dit-il en désignant la tête vers la chambre du capitaine. "'Compte d'elle. Je pense qu'il peut rester là jusqu'à ce que nous ayons enterré Simms. Il est suffisamment en sécurité."

Rainey fut un peu surpris de cette démonstration de prévenance, mais il n'en fit aucune remarque. Il commençait à penser assez constamment ces derniers temps qu'il avait sous-estimé Lund.

La main du géant se posa automatiquement sur la poignée comme pour s'assurer que la porte était rapide. Soudain, elle s'ouvrit en grand, une brèche noire, avec seul l'œil gris du hublot face à eux. Lund avait relevé le canon de son pistolet à la hauteur de la poitrine d'un homme, mais rien ne s'y opposait.

" Cache -toi, ce foutu imbécile ! Quel genre de jeu est-ce ? Sortez de là. "

Quelque chose s'est précipité sur le sol de la pièce, puis s'est envolé rapidement entre les jambes de Lund et Rainey, à quatre pattes, comme un gros chien. Bouclé , il s'étalait sur le sol avec un visage blanc et des yeux écarquillés, les mains tendues en signe de supplication, les genoux relevés dans une ridicule tentative de protection, appelant d'une voix stridente, de la voix de Sandy :

"Ne tirez pas, monsieur ! S'il vous plaît, ne tirez pas !"

Lund se pencha et remit le carrousel sur ses pieds, l'étranglant à moitié avec sa prise sur le col de la chemise du garçon, et le jeta sur une chaise.

"Qu'est-ce que tu faisais là-dedans ?"

Sandy déglutit convulsivement, tâtant sa gorge décharnée, où une pomme d'Adam montait et descendait. La parole lui faisait peur, et il ne pouvait que lever les yeux au ciel.

« Espèce de maudit jeune traître ! dit Lund. "Je vais vous faire mettre à la quille pour ça ! Finissez-en, maintenant. Qui vous a envoyé ? Deming ?"

"Vous l'avez fait mourir de peur", intervint Rainey. "Ils lui ont probablement fait peur et l'ont poussé à faire ça. N'est-ce pas, Sandy ?"

Le garçon cligna des yeux et des larmes d'apitoiement roulèrent sur ses joues crasseuses. Leur soulagement sembla débloquer sa voix. Cela, et la qualité plus aimable des questions de Rainey.

"Deming ! Il a dit qu'il me couperait le cœur si je ne le faisais pas. Lui et 'Beale. Regardez-le ."

Il écarta le devant de sa chemise presque sans boutons et son sous-gilet et leur montra sur sa poitrine gauche la marque où une lame tranchante avait marqué un cercle irrégulier sur sa peau.

"Beale a fait ça", gémit-il. "Deming a dit qu'ils termineraient le travail si je revenais sans eux ."

"Sans les obus ?"

"Oui, monsieur. Oui, M. Rainey. Oh, Gord , ils vont me tuer, c'est sûr ! Oh, mon Gord !" Ses yeux fixes et sa bouche lâche, travaillant dans la peur, le faisaient ressembler à une morue fraîchement débarquée.

"Tu ne sert à rien vivant", dit Lund.

" Mebbe , je ne le suis pas ", répondit le garçon avec le désespoir d'un rat acculé. "Mais j'ai le droit de vivre. Et j'ai vécu pire qu'un dorg sur cette foutue goélette. Je suis juste rayé et 'contusionné ' avec des bottes , des jointures et des bouts de corde. J'aurais je me suis jeté il y a longtemps si—"

"Si quoi?"

Le garçon devint maussade.

"Peu importe," dit-il, et il lança un regard presque provocateur à Lund.

"Est-ce que cette porte est fermée ?" » demanda le géant à Rainey. "Certains d' entre eux pourraient être dans le coin." Rainey se dirigea vers le couloir et ferma et verrouilla l'entrée.

"Maintenant, jeune diable", dit Lund. "Ce qu'ils t'ont fait avant ce n'est pas un marqueur de ce que je te ferai si tu ne parles pas et ne réponds pas quand je parle. *Si quoi?* "

Sandy se tourna vers Rainey.

"Ils ont dit qu'ils allaient me donner une partie de l'or", a-t-il déclaré. "Ils ont toujours dit que je devais faire circuler le chapeau pour moi. Je vous ai dit que j'avais été traîné, mais il y a... il y a une vieille femme qui a été gentille avec moi. Elle est contre ça, pour de bon. Je l'ai dit. " Elle, je lui ramènerais de l'argent et si je peux m'accrocher , je m'accrocherai. Mais ils vont me soigner, maintenant, pour de bon. "

Rainey entendit le rire de Lund se transformer en un rire discret.

"Je m'en fous s'ils n'ont pas du cran après tout", a-t-il déclaré. " J'ai hâte de rapporter de l'argent à une vieille femme qui n'est même pas sa mère. Qui l'aurait cru ? Écoute, mon garçon. J'ai été traîné de la même manière. Et j'ai tenu bon. " Mais tu n'obtiendras jamais un centime de cette bande. Je ne sais pas car ils auront de l'argent à te donner. "

Son visage se durcit. "Mais tu passes, et je te verrai donner quelque chose pour la vieille femme. Et toi - même aussi. De plus, tu peux rester à l'arrière et attendre la cabine. S'ils mettent le doigt sur toi, je' Je vais leur donner un coup de poing, et c'est « pire ».

"Tu n'es pas tu te moques de moi ?"

"Je ne plaisante pas, mon garçon. Je ne perds pas de temps de cette façon."

Sandy se leva, son visage s'éclairant. Il commença à vider ses poches, déposant sur la table des obus et des cartouches de fusil de chasse.

"Je ne pouvais pas commencer à en avoir la moitié " , a-t-il déclaré. "Le reste est sous les matelas. Ils ont dit qu'ils n'en avaient besoin que de quelques-uns. Je pensais que vous étiez tous les deux livrés. Quand vous êtes sortis du couloir , j'ai eu une trouille."

Entre les matelas, comme Lund l'avait deviné, ils trouvèrent le reste des coquilles, disposés en rangées ordonnées, sauf là où les doigts agités du garçon les avaient dérangés. Lund ôta une taie d'oreiller et la jeta dedans, avec celles posées sur la table.

"Vous pouvez dormir ici", dit-il à Sandy reconnaissante. "Maintenant, je vais avoir quelques mots avec Deming, Beale and Company. Tu veux venir, Rainey ?"

Lund s'avança à grands pas dans le couloir, son sac dans une main, son arme dans l'autre. Rainey ouvrit grand la porte du quartier des chasseurs et les découvrit comme beaucoup de conspirateurs. Deming était dans sa couchette ; Il y avait aussi un autre homme dont Lund avait brisé les côtes lorsqu'il l'avait frappé à coups de pied sur le pont, pour l'écarter de son chemin. Les visages meurtris des autres montraient les effets du combat. Lorsque Lund entra, les couvrant avec le fusil, tandis qu'il balançait avec fracas le lourd slip sur la table, leurs regards passèrent de l'attente impatiente à la consternation.

CHAPITRE XIV

PEGGY SIMMS

"Attrapé avec la marchandise !" dit Lund. "Deux tentatives de mutinerie en une journée, mes gars. Vous voulez vous faire comprendre que c'est moi qui dirige ce navire à partir de maintenant. Je peux le naviguer sans vous et, par Dieu, je mettrai en place le groupe de vous, à terre, c'est la même chose que vous aviez l'intention de faire avec moi si vous ne vous asseyez pas et n'y prêtez pas attention ! Les fusils et les fusils (il jeta un coup d'œil à l'exposition ordonnée des armes dans les étagères sur le mur) sont trop vaillants pour être jetés dessus. , mais voilà les obus, tous les derniers. Alors ça étouffe *ce* petit plan, Deming. "

Il retourna le feuillet pour en afficher le contenu.

"Ouvrez un port, Rainey, et faites sortir tout le monde."

Rainey l'a fait tandis que les chasseurs regardaient avec un chagrin silencieux.

"Il y a encore une chose", dit Lund en leur souriant. "Si l'un d'entre vous voyait un homme blesser un chien, vous lui donneriez probablement un coup de poing. Mais vous ne pensez pas du tout à effrayer la vie d'un gamin à moitié cuit et à lui marquer la peau comme un courtepointe en patchwork. Le gamin reste à l'arrière après ça. L'un de vous singe avec lui, et vous plaisanterez sur ce qu'il fait , j'aimerais que vous soyez mort et par-dessus bord.

Il tourna les talons et se dirigea vers la porte, Rainey le suivant.

"Enterrement du capitaine à l'aube", a déclaré Lund. "Tout le monde sur le pont, propre et bien habillé pour rester là. Et voir que votre comportement d'antan correspond à l'occasion. Deming, vous vous y rendrez aussi. Pas de simulation ."

Il était évident que la nouvelle de la mort du capitaine leur était connue. Ils n'ont montré aucune surprise. Rainey était sûr que Tamada n'en avait pas parlé. L'information s'était infiltrée grâce à la télégraphie en vigne de tous les navires. Sans aucun doute, pensa-t-il, l'arrière-cabane et ses activités étaient toujours espionnées.

"Veux-tu prendre le service ter-morrer ?" Lund a demandé à Rainey quand ils étaient de retour dans la cabine. " Etant comme tu es un type érudit ? "

"Pourquoi... je ne le sais pas. Y a-t-il un livre de prières à bord ? Je pensais que le capitaine présidait toujours."

En fin de compte, je ne suis que capitaine adjoint ", a déclaré Lund. "Ce n'est pas mon vaisseau. Je plaisante je le gère sous contrat avec mon défunt partenaire. Le navire appartient à la fille. Et tu es le meilleur officier maintenant, dans la course régulière. Quant à un livre de prières, il n'y a pas d'article à bord à ma connaissance. Mais j'aimerais qu'il se déforme. Pour le bien de Simms ainsi que pour celui de la fille. Je pense qu'il a utilisé son meilleur jugement pour me poursuivre sur la banquise. J'aurais peut-être fait la même chose moi-même."

Rainey doutait de cette affirmation et attribuait cela à la générosité de Lund. Beaucoup de ses dernières paroles et actions avaient montré une profondeur latente de sentiments qu'il n'avait jamais attribué à Lund. Il ne pouvait s'empêcher de croire que, d'une manière ou d'une autre, la jeune fille les avait fait remonter à la surface.

"Je pensais avoir vu une Bible dans le coffre-fort", a-t-il déclaré, "lorsque nous cherchions les coquillages. Il y a peut-être un livre de prières. Je suppose qu'il y a eu des occasions pour cela. Le second est mort en mer lors du dernier voyage."

"C'est peut-être le cas", répondit Lund. "C'est là que Simms le garderait . Il ne prévient pas ce qu'on appellerait un homme religieux. Nous y jetterons un coup d'œil avant de nous rendre."

Il y avait des offices à remplir pour le capitaine mort, que la jeune fille, malgré toute sa volonté, ne pouvait accomplir. Lund ne les a pas mentionnés et Rainey a hésité à la déranger jusqu'à ce qu'il voie Tamadatraverser la cabine avec une toile pliée et un drapeau. Les Japonais frappèrent à la porte qui s'ouvrit aussitôt. Il était attendu.

Il ne faisait aucun doute que Tamada , avec son expérience médicale, était le mieux placé pour cette tâche, mais il semblait également à Rainey que la jeune fille avait délibérément ignoré leurs services et que, malgré son admiration involontaire pour le combat de Lund contre toute attente, ou son dégoût pour elle les croyait hostiles à ses sentiments. Lund le réveilla en lui parlant du service funéraire de Simms.

"Vous êtes un écrivain", dit-il. "A quoi ça sert de savoir comment manier les mots si on ne peut pas simuler une sorte de service ? L'un vaut l'autre, du moment que cela ressemble à la réalité.

"Je pense qu'il y a un Dieu", a-t-il poursuivi. " Quelque chose qui a déclenché les choses, quelque chose qui empêche les étoiles de s'écraser les unes sur les autres, mais, après avoir remonté l'horloge qu'il a fabriquée, je ne crois pas qu'il se soucie beaucoup des travaux.

"La chance est la grande chose qui compte. Nous sommes tous d'accord. Certains d'entre nous ont les deux et les treys, et d'autres ont les as. Si vous êtes né chanceux, les choses deviennent douces pour vous. Mais, si c'est le cas, Sans prévenir la chance, par chance et par espoir, les choses seraient bouleversées et devenir une pure anarchie en un tournemain. S'il ne prévenait pas l'idée du diable des pores selon laquelle sa chance doit changer pour le mieux, Mebbé Ter-morrer , il commencerait et se trancherait la gorge, ou quelqu'un celui des autres , s'il avait suffisamment de gingembre.

"Ce n'est pas que de la chance, n'est-ce pas ?" » demanda Rainey. "Regarde-toi ! Tu es plus grand que la plupart des hommes, plus fort, mieux équipé pour obtenir ce que tu veux."

"Enfer!" » rit Lund. "J'ai eu de la chance d'être né comme ça. Mais tu dois inventer une sorte de service qui convient à la fille. Tu as cette Bible. Ça devrait être facile. Simms s'en foutrait, Enny. plus que je ne le ferais. Quand tu es mort , tu as fini, pour l'instant Tout le monde peut vous le prouver. Un cadavre est une nuisance, et plus tôt on s'en débarrassera, mieux ce sera. Mais si c'est pour que les gens se sentent mieux après avoir raconté de belles paroles, eh bien, sautez dessus et inventez un discours d'autrefois .

Peggy Simms a sauvé Rainey en produisant un livre de prières et en l'apportant à Lund, son visage pâle mais suffisamment calme, et ses yeux sombres calmes alors qu'elle le lui donnait.

"Je pense que Rainey ici le lira mieux que moi", a-t-il déclaré. "C'est un érudit."

"Si tu veux", demanda la jeune fille. Elle semblait avoir surmonté son premier chagrin, avoir acquis une maîtrise d'elle-même qui, avec la dignité de son deuil, le contrôle même de son incontestable chagrin, dressait une barrière entre elle et Lund. Rainey était conscient de cette clôture derrière laquelle la jeune fille s'était retirée. Elle était polie, mais elle ne demandait pas ce service comme une faveur, comme un acte amical. Même un refus ne l'aurait visiblement pas affectée, pensait-il. Il y avait autour d'elle une armure invisible à laquelle pouvait à tout moment s'ajouter un bouclier de mépris silencieux. D'une manière ou d'une autre, si le sexe avait, l'espace d'un instant, mis elle et Lund en contact, ce même sexe, montrant un autre aspect, les séparait très loin.

Lund montra qu'il le sentait, passant ses doigts écartés dans sa barbe avec un embarras évident, tandis que Rainey prenait le livre en silence, parcourant les pages à la recherche du rituel de « L'enterrement en mer ».

Des dispositions avaient été prises sur le pont bien avant l'aube. Un tronçon de rail avait été enlevé et une grille aménagée qui pouvait être basculée au moment opportun pour l'envoi du corps du capitaine dans les profondeurs.

La mer montait en vagues houleuses et le soleil se levait dans un ciel clair. L'océan était libre de glace, même si le vent était froid. Çà et là, au loin, un iceberg recevait l'éclat du soleil et, au nord, parallèlement à leur course, les pics des îles Aléoutiennes, contreforts brisés d'un ancien pont maritime , se détachaient nettement sur l'horizon.

À quatre heures du matin, toutes les mains étaient rassemblées, à l'exception de Tamada et Hansen, qui apparurent portant le corps de Simms enveloppé de toile et drapé d'un drapeau, son linceul lesté de lourdes pièces de fer. Peggy Simms les suivit et, tandis que l'équipage, les pieds traînants et la gorge raclée à plusieurs reprises, se rassemblait en demi-cercle, elle arrangea les plis des étoiles et des rayures que Hansen attachait à une ligne lumineuse par un coin.

Quelle que soit l'influence de Lund , la solennité de l'occasion retenait les hommes. Ils se découvraient et se tenaient debout, la tête baissée, ce qui cachait les visages meurtris des chasseurs. Les traits endommagés de Lund furent abaissés tandis que Rainey commençait à lire. Seul le visage de Deming, gris à cause de l'effort pour monter sur le pont et de la douleur dans son bras, ressemblait à un ricanement qui était en grande partie de la bravade. Un chasseur avait le bras rentré dans celui de son camarade aux côtes cassées. Un matelot a été envoyé à la barre et la goélette a été maintenue face au vent avec toutes les écoutes fermées vers l'intérieur, montant et descendant sur une quille presque horizontale.

" *Et le corps sera jeté à la mer.* "

À ces mots, Lund et Hansen inclinèrent la grille. Il y eut une légère pause comme si le corps hésitait à entreprendre son dernier voyage, puis il glissa de la plate-forme et plongea dans la mer, disparaissant instantanément sous l'impulsion des poids, avec une aération sifflante de l'eau. Le drapeau, retenu vers l'intérieur par la ligne, flotta un instant et s'abaissa sur la grille. La jeune fille se tourna vers eux, la tête haute.

"Merci", dit-elle avant de descendre.

"C'est fini", dit Lund, laissant échapper les émotions qu'il aurait pu réprimer dans une longue inspiration. "Maintenant, réglez le navire ! Attention, descendez. Nous allons le conduire pour tout ce qu'il vaut."

Il prit lui-même le volant pendant que les hommes sautaient sur les écoutes et bientôt Lund exploitait toute la vitesse possible de la goélette. C'était un aussi bon marin que Simms, enclin à prendre plus de risques, mais capable de les gérer.

La jeune fille restait en bas et sortait rarement de sa cabine, Tamada y servant ses repas. Rainey pouvait voir le ressentiment de Lund grandir face à cette attitude qui lui semblait assez normale, même si elle pourrait présenter des difficultés plus tard si elle persistait. Mais le matin où ils remontèrent la passe de Sequam entre les récifs jaillissants des îles Sequam et Amlia , elle monta sur le pont. et s'avança vers la proue, respirant profondément l'air vivifiant et regardant vers le nord l'étendue libre du détroit de Béring. Rainey l'a laissée seule, mais Lund l'a accueillie alors qu'elle revenait à l'arrière.

"Ravi de vous revoir sur le pont, Miss Peggy", dit-il. "Il faut du soleil et de l'air pour se remettre en forme."

Son regard portait sur elle une vive admiration tandis qu'il parlait, un regard qui parcourait sa silhouette arrondie avec une franche approbation que Rainey n'aimait pas, mais à laquelle la jeune fille ne prêtait aucune attention. Elle semblait décidée à changer d'attitude.

"Jusqu'où reste-t-il encore à aller ?" elle a demandé.

« À environ mille milles du détroit proprement dit, » dit Lund. "La voie à vapeur Nome-Unalaska se trouve à l'est. Elle passe près des Pribilofs , à trois cents milles au nord, avec Hall et St. Matthew trois cents plus loin. Puis vient l'île Saint-Laurent, à l'aplomb du milieu du détroit, avec La Sibérie et l'Alaska se rapprochent .

Il tenait à lui parler, et elle était disposée à l'écouter, acquiesçant presque avec empressement lorsqu'il lui proposait de lui indiquer leurs positions sur la carte étalée sur la table de la cabine. Lund parlait bien, malgré tout son vocabulaire limité et parfois sinistre, chaque fois qu'il parlait de la mer et de ses propres aventures, les énonçant sans vantardise, mais évoquant des images saisissantes d'action, pleines de couleurs et de saveurs de la vie dans le monde. brut. À partir de ce moment-là, Peggy Simms vint à la table et discuta librement avec Lund, de manière plus conservatrice avec Rainey.

Le journaliste n'était pas un analyste expérimenté de la nature féminine, mais il voyait, ou croyait voir, la jeune fille qui observait Lund attentivement quand il parlait, l'étudiant, parfois avec plus qu'une pointe d'approbation, d'autres avec un regard perplexe, semblant travailler sur un problème. L'affection du géant pour elle, parfois enfantine, ou se transformant rapidement en une évaluation plus audacieuse, grandissait de jour en jour.

La jeune fille, décida Rainey, faisait plaisir à Lund, cherchant à savoir comment, grâce à ses méthodes féminines, elle pourrait le contrôler, le maintenir dans certaines limites. Sa froideur, semblait-il, elle l'avait écartée comme un expédient qui pourrait s'avérer trop provocant et sans valeur.

Et la valorisation de ses ressources par Rainey a augmenté. Elle maniait admirablement les armes de sa femme, mais quand parfois, la nuit, sous la lampe de la cabine, il voyait la lumière couvante briller dans les yeux en agate de Lund, il savait qu'elle jouait à un jeu dangereux.

"Qu'est-ce que tu fais " Vous avez du mal à faire votre part d'antan, Rainey ? " Lui demanda Lund la nuit où ils passèrent devant Nome. Le temps était orageux dans le détroit et le *Karluk* était blotti sous les récifs triples, se dirigeant vers le nord. La glace dans les Narrows était rare. ", bien que Lund prédisait des floes brisées une fois qu'ils seraient passés. La cabane était confortable, avec un poêle allumé. Peggy Simms était occupée à coudre, le canari et les plantes donnaient à l'endroit une atmosphère domestique, et Lund, fumant confortablement, était éminemment à facilité.

« D'après la façon dont les hommes ont trouvé la solution, poursuivit-il, même si je pense qu'ils sont plus sous pression, vous aurez quarante mille dollars. C'est une véritable aubaine, même si rien n'est fait . " à Miss Peggy, ici, ou à moi, d'ailleurs. Je suppose que vous avez déjà tout dépensé. "

"Je ne sais pas si c'est le cas", a déclaré Rainey. "Mais je pense que si tout se passe bien, je trouverai un endroit dans la chaîne côtière, dans les séquoias surplombant la mer, et j'écrirai. Pas des trucs dans les journaux, mais ce que j'ai toujours voulu faire. Des histoires. Des fils de aventure!"

Peggy Simms leva les yeux.

"Tu n'as jamais fait ça ?" elle a demandé.

"Pas de manière satisfaisante. Je suppose que le génie brûle dans une mansarde, mais je ne m'imagine pas être un génie et je n'aime pas les mansardes. J'ai l'idée que je peux mieux écrire quand je n'ai pas à supporter le pain- et du beurre de routine.

" Tu vas écrire des trucs d'occasion ? " » demanda Lund. "Pourquoi ne *vis -tu pas* ce que tu écris ? Je ne vois pas comment tu vas aller se mettre sous la peau d'un homme en squattant un bungalow avec un domestique japonais, une baignoire en porcelaine, un petit-déjeuner au lit. Pourquoi ne voyagez-vous pas et ne voyez-vous pas les choses telles qu'elles sont ? Comment vas-tu écrire l'Aventure si tu ne la vis pas ?

"Moi, je vais me construire une goélette selon mes propres idées. Avoir un moteur dedans, mec , et faire le tour du monde. A quoi ça sert de vivre dessus et de ne pas le savoir ." à vue ? Les livres et les images sont très bien dans leur genre, je pense, mais, tant que mon gréement tient le coup, je suis partant pour le voyage. Je vais peut -être prendre un groupe d'îles dans les mers du Sud dans un moment. fais -en quelque chose . Je ne plaisante pas avec *le coprah* . une « nacre, mais du coton et du caoutchouc ».

"Un roi et son royaume", suggéra la jeune fille.

"Oui, et je devrais avoir une reine pour aller avec", répondit Lund, les yeux grands ouverts dans un regard qui fit rougir la fille et Rainey sentit le problème caché qui, selon lui, allait inévitablement surgir, remonter à la surface.

"C'est la vie *d'un homme* ", poursuivit Lund. "Voyager, c'est bien, mais un homme doit faire quelque chose , faire quelque chose , commencer quelque chose . Et un homme au sang rouge veut le bon genre de femme pour jouer son compagnon. Polissez ses aspérités, mebbe . Je' Je préfère être un casting rugueux qui pourrait supporter un peu le filin , plutôt que de lisser un plaqué. Et, quand je trouverai la bonne femme, une de ma propre race , je vais l'attacher et la lui attacher. moi.

"Je vais devenir riche. Ils ont nettoyé les sables de Nome, mais il y en aura d' autres entre Cape Hope et Cape Barry. En attendant, nous avons notre propre placer. Avec beaucoup d'or, ils ne constituent pas une grande limite à ce qu'un homme peut faire. J'ai vécu cela toute ma vie, et je ne recherche pas la facilité. Cela rend un homme doux. Mais... "

Il balaya la silhouette de la jeune fille dans une pause qui était éloquente de sa ligne de pensée. Cela la mettait mal à l'aise, mais Lund maintenait sa position jusqu'à ce qu'elle lève les yeux de son travail et défie les siens. Rainey a vu sa poitrine se soulever, elle a eu du mal à retenir son regard, elle est devenue rouge, puis pâle. Il crut que ses yeux exprimaient de la peur, puis elle se raidit. Presque inconsciemment, elle leva la main là où Rainey était sûr qu'elle tenait le petit pistolet, toucha quelque chose comme pour s'assurer de sa présence, et continua à coudre. Lund rit, mais tourna son regard vers Rainey.

"Pourquoi n'écris-tu pas *ceci* voyage ? Quand tout est fini? Il y a de l'aventure pour toi, et nous non j'en ai fini avec ça. Une « romance aussi, mebbe » . Nous n'avons pas encore développé une grande histoire d'amour , mais on ne peut jamais le dire. »

Il a ri et Peggy Simms s'est levée tranquillement, a plié sa couture et a dit "Bonne nuit" calmement avant de se rendre dans sa chambre.

« Et si, Rainey ? » demanda Lund. "Et la partie amour ? C'est une beauté, et elle sera une héritière. N'as-tu pas du sang rouge dans les veines d'autrefois ? Tu ne veux pas d'elle ? Tu n'en trouveras pas beaucoup pour tenir un rendez-vous. bougie pour elle. Il a l'air, construit comme un yacht de course , doux et rapide. Intelligent, et riche en plus. Pourquoi ne lui fais-tu pas l'amour ?

Rainey sentit le sang brûlant lui monter au visage et au cerveau.

"Je ne suis pas amoureux de Miss Simms", a-t-il déclaré. "Si c'était le cas, je ne devrais pas essayer de lui faire l'amour dans ces circonstances. Elle est seule et elle n'a pas de père. Je n'ai pas envie de discuter d'elle."

"C'est une femme", a déclaré Lund. "Et tu es un foutu con ! Tu aimerais me casser la mâchoire, mais tu sais que je suis plus fort. Tu as du cran, Rainey, mais tu es caché. Tu n'as pas de ha' Si vous avez le frisson qu'elle a. C'est une femme, je vous le dis, et elle doit être gagnée. Si vous la voulez, pourquoi ne vous levez-vous pas et n'essayez pas de la baiser . au lieu de m'asseoir comme un chat malade chaque fois que j'admire son apparence ?

"Je t'ai vu. Je ne suis plus aveugle , tu sais. C'est une femme et je suis un homme. Je pensais que tu en étais un. Mais tu ne l'es pas . L' idée d'autrefois de faire l'amour était d'envoyer la fille une boîte de bonbons et "marcher les pieds dans la chatte et" lui écrire des poèmes. Vous voulez *écrire* la vie et je veux la *vivre* . Une fille comme ça aussi. Elle est plus ma race qu'avant , si elle a " eddication . Et elle est de chair et de sang. Comme moi. Tu es à moitié sciure de bois. Tu es bourré. "

Il monta sur le pont en riant, laissant Rainey enragé mais impuissant. Lund semblait penser que la situation était évidente. Deux hommes et une femme attirante à bien des égards. Seule femme *alors* qu'ils étaient à bord de la goélette, donc d'autant plus désirable, admirée par des hommes coupés du reste du monde.

Il s'attendait à ce que Rainey soit amoureux d'elle, qu'il se lève et le dise, qu'il s'efforce de la conquérir. Lund recherchait l'ardeur de la compétition. Il cherche peut-être une excuse pour écraser Rainey.

Mais il avait dit qu'elle était de sa race, et c'était vrai. Si Lund était un fils de la mer, elle était la fille d'une lignée de marins. Lund, tôt ou tard, avait l'intention de la prendre, qu'il le veuille ou non. Il l'avait dit, sans trop le cacher, le soir même. Et si Rainey entendait se placer entre elle et Lund en tant que protecteur, Lund ne l'accepterait dans ce personnage que comme l'amant de la jeune fille et son rival.

Et Rainey ne savait pas s'il était amoureux d'elle ou non. Il ne pouvait même pas être certain de la jeune fille. Il y avait des moments où Lund semblait la fasciner. Il s'était préparé à une chose : être prêt à l'aider contre Lund si l'occasion se présentait, et qu'elle avait besoin de protection. La chance, comme le disait Lund, qui avait donné des muscles au géant, avait donné du cerveau à Rainey. Le moment venu , il les utiliserait.

Après cela, la jeune fille évita autant que possible la compagnie de Lund en recherchant celle de Rainey. Ils ont traversé le détroit et se sont dirigés vers l'océan Arctique. La glace était tout autour d'eux, des champs formés de vastes blocs d'eau gelée divisés par de larges voies à travers lesquelles le

Karluk se frayait un chemin lentement, un labyrinthe de glace, toujours menaçant, exigeant toute l'habileté de Lund alors qu'il fulminait contre chaque barrière, chaque changement. du temps qui devenait de plus en plus froid.

Le ciel n'était jamais entièrement dévoilé par la brume, et la nuit, alors qu'ils naviguaient sur un fjord gelé avec des vigies doublées, les bruits grinçants de la glace semblaient être la voix d'avertissement du Nord, alors qu'ils naviguaient dans le désert.

Les chasseurs restaient en bas. Lund commandait le navire. Deming, semble-t-il, a réussi à conserver ses cartes et à les distribuer malgré son bras en train de se réparer avec des attelles. Et il gagnait régulièrement. La jeune fille parlait avec Rainey de sa propre vie à terre et en mer lors de voyages antérieurs avec son père, de son propre désir d'écrire, de ses ambitions, jusqu'à ce qu'il ne lui ait pas dit grand-chose , même à la fille qui était la fille de Rainey. le roi du bois.

Et le charme de sa proximité, de sa jeunesse, de sa beauté le retenait naturellement. Lorsqu'il était de service sur le pont, elle restait dans sa chambre. Lorsque Lund le relevait, le travail de la journée donnant à Lund, Hansen et Rainey chacun deux quarts réguliers de quatre heures, bien que Lund y ait passé la majeure partie de la nuit alors que la glace devenait de plus en plus difficile à naviguer, Rainey voyait parfois les yeux du géant l'évaluer avec un scintillement sardonique.

Pour le moment, la sécurité du *Karluk* et la réussite du voyage ont retenu toute l'attention et l'énergie de Lund. À deux reprises, le temps l'avait empêché de glaner sa récolte dorée, et il commençait à sembler que la troisième tentative ne serait peut-être pas plus heureuse.

« Le *Karluk est* gros, dit-il un jour, mais il n'est pas construit pour l'Arctique. Si on le mordille mal , il disparaîtra comme une coquille d'œuf.

"Et maintenant quoi?" » demanda Rainey.

"Gagnez l'or ! C'est pour cela que nous sommes venus. Si nous devons fabriquer des traîneaux et utiliser les chasseurs pour une équipe de dorgs ." Il rit indomptablement. "Nous ferons de toi un homme , Rainey, avant de rentrer ."

Lund ne dormait que par bribes, cherchant toujours à tâter un chemin vers la position de l'île à travers la glace qui empêchait continuellement tout progrès. Plusieurs fois, ils risquèrent la goélette dans un passage étroit, alors qu'une accalmie du vent, souvent incertain , les aurait fait échouer entre les bords de la banquise. À deux reprises, Lund a ordonné aux bateaux de les sauver. Une fois, tous les équipages luttèrent désespérément avec les espars pour le maintenir à l'écart, et seule la poupe en surplomb de la goélette sauva son gouvernail des masses sauvagement heurtées qui se refermaient derrière eux.

Mais il a montré peu de signes de tension. De temps en temps, il s'asseyait les yeux fermés ou passait ses mains sur ses sourcils comme si cela lui faisait mal. Mais il ne s'en plaignait jamais, et la glace, prenant les teintes ternes de la mer et du ciel, n'émettait aucun éclat qui devrait gêner la vue. Contre toute opposition, Lund força son chemin jusqu'à ce que, juste après le coucher du soleil, une nuit, alors que le crépuscule tombait, il poussa un cri et désigna une fusée éclairante au-dessus de la proue bâbord. Rainey pensa que c'était une aurore, mais Lund se moqua de lui.

"C'est le cratère au sommet de l'île", a-t-il expliqué. " Rien de dangereux. Phare de Reg'lar . Maintenant, les garçons, " continua-t-il, sa voix grave résonnant d'exaltation, " il y a de l'or en vue ! Sifflez pour un changement de temps, fils de votre mère ! "

Le pont fut bientôt bondé. Lors du voyage précédent, la goélette s'était approchée de l'île sous un angle différent, mais les hommes n'ont pas tardé à reconnaître la lueur du volcan comme l'atterrissage attendu. Lund resta sur le pont et il était tard avant qu'aucun membre de l'équipage ne rentre. Rainey, pendant son quart, vit le feu de la montagne pulser, rougeoyant et clignotant comme l'œil d'un cyclope, sa lueur se reflétant dans les yeux des observateurs qui étaient sur le point d'envahir l'île et de lui voler son sable doré.

Le changement de temps s'est produit vers trois heures du matin, mais pas comme Lund l'avait espéré. Un vent soudain se matérialisa du nord, raidissant la toile de son souffle chargé de glace, vitrer la goélette partout où l'humidité s'égouttait, soulevant une gerbe de nuages en colère qui luttaient avec la lune. La mer semblait s'être épaissie. Le *Karluk* avançait lentement, comme s'il naviguait dans une mer de mélasse.

"Déjà à moitié neige fondante", a déclaré Lund. "Nous allons faire face à une véritable vague de froid. Il y aura des crêpes glacées tout autour de nous avant l'aube. C'est certainement une plage difficile à atteindre. Mais il est trop tôt pour la fermeture hivernale. Après cette pause, nous aurons une vague de chaleur. Et nous devons mettre les affaires à bord et commencer Kitin 'sud avant que le grand gel ne nous attrape. "

CHAPITRE XV

FUMÉE

Lorsque Rainey arriva sur le pont le lendemain matin , il trouva la goélette flottant dans un petit lagon qui formait le centre d'une banquise. L'eau qui s'y trouvait était boueuse, à moitié solide. La grand-voile et l'avant étaient serrés, les voiles d'avant également, et le *Karluk* se dirigeait vers l'extrémité du bassin qui diminuait rapidement. Le vent était toujours vif.

Tout autour se trouvaient d'autres floes, mais ils étaient largement séparés, et entre eux des vagues d'indigo croustillantes s'enroulaient vivement.

L'île se dressait de manière abrupte et déchiquetée, bien plus grande que Rainey ne l'avait prévu. Il possédait deux cônes, de l'un desquels s'échappait paresseusement de la fumée. La glace s'entassait dans une confusion sauvage autour de ses rives, détruite par le vent qui avait soufflé fort de quatre à huit, et s'apaisait maintenant avec le changement rapide commun à l'Arctique.

Un profond bourdonnement de vagues éclatantes sous-tendait tous les autres bruits et, prisonnière comme elle l'était, la goélette et sa banquise se dirigeaient lentement vers la terre, sous l'emprise d'un courant plutôt que devant les rafales de vent.

Lund avait défendu efficacement la proue de la goélette avant de descendre avec de vieilles voiles qui enveloppaient l'étrave et la houle, bourrées de cordages et de morceaux de toile.

En une heure, le vent avait cessé et la neige fondante dans la lagune s'était transformée en flocons de glace qui tendaient à se solidifier en peu de temps, car la journée était extrêmement froide et extrêmement lumineuse. Le ciel s'élevait de l'azur argenté vaporeux au saphir le plus riche, et les eaux ondulantes entre les floes étaient d'un bleu violet le plus foncé. Alors que le fouet du vent cessait, ils s'installèrent dans une vaste houle sur laquelle les gros amas de glace montaient et descendaient avec des reflets éblouissants.

Lund est arrivé moins d'une heure et a cligné des yeux devant l'éclat.

"Mes yeux ne sont pas aussi forts qu'ils devraient l'être", dit-il à Rainey. "Je n'aurais pas dû lancer ces lunettes si hâtivement sur Carlsen, même s'ils ont raté son objectif. Si le temps persiste, je devrai faire des spécifications de neige ; il n'y a pas d'autre paire de cigarettes à bord. " Il fit une ombre de sa main courbée alors qu'il regardait l'île.

« Le courant nous a attrapés, » dit-il, « et nous allons nous rapprocher très près de la plage. Elle se situe entre ces deux crêtes, rapprochées l'une de l'autre, en bout de ligne du volcan. Le courant du long détroit se divise sur l'île Wrangell, et nous " Nous sommes dans la tendance de la boucle nord. C'est pourquoi la mer ne gèle pas plus solidement. Elle gèle assez vite autour de nous, là où il n'y a pas de mouvement. "

Il semblait très satisfait de cette perspective. "Pris le petit déjeuner?" » demanda-t-il à Rainey, puis : « Très bien. Nous allons laisser les hommes à l'arrière.

Il hurla un ordre, et bientôt tout le monde vint en troupe, pour se rassembler en deux groupes de chaque côté de la lucarne de la cabine. Leurs visages étaient impatients de voir l'or se rapprocher, mais à moitié maussades alors qu'ils attendaient d'entendre ce que Lund avait à dire. Depuis l'attentat contre lui, Lund n'avait rien dit sur leurs actions. Ils le reconnurent comme maître, mais ils se rebellèrent néanmoins en esprit.

"Voilà l'île", dit Lund. "Nous y arriverons avant le coucher du soleil. La plage est là, attendant que nous la déterrions. Ce sera du travail. Je ne pense pas qu'elle soit très gelée, seulement recouverte d'une croûte. Si c'est le cas, nous le ferons Cassez la croûte avec de la dynamite. Mais nous devons y sauter. Il y aura une autre vague de froid après que celle-ci se soit calmée et la suivante sera comme permanente. Je veux que l'or soit lavé avant, et que nous soyons bien en bas. le détroit. C'est à vous de vous bosser vous-mêmes , et "je vais aider les bosseurs ".

"Nous allons bercer la plupart des choses et, s'ils en ont le temps, nous allons canaliser les résidus de limon pour en extraire la fine poussière. À condition que nous puissions obtenir une chute d'eau. Il y aura beaucoup de choses à faire pour tout le monde. Un " Les actions vont comme d'abord fixées. Je ne suis pas Je m'attends à ce que tu fasses le creusement et que tu ne prennes pas une pincée ou deux de poussière.

Les visages des hommes s'éclairèrent et ils se déplacèrent, se regardant avec des sourires de soulagement.

"Pas de bravo ?" » demanda ironiquement Lund. "Wall, je ne m'attendais pas à Enny . Hansen, tu seras l'un des contremaîtres, avec un salaire en fonction . Deming."

"Je ne peux pas creuser", dit truculentement le chasseur. "Beale non plus, avec ses côtes."

"Vous avez un bon culot", a déclaré Lund. "Je pense que vous avez gagné assez pour être sûr de vos actions d'autrefois, si les garçons paient. Assez pour que vous puissiez fouiller dans les poches d'autrefois pour Beale. Ses côtes seraient entières si vous n'aviez pas commencé le coup bolchevique . ...

Mais je vais trouver quelque chose à faire pour vous deux. Ne vous inquiétez pas.

"Nous avons du mercure à bord quelque part", poursuivit Lund à Rainey, lorsque les hommes se furent dispersés, bien plus joyeux qu'ils ne s'étaient rassemblés. "Nous utiliserons cela pour nous concentrer dans les fusils du film. Hansen fera fabriquer des rockers qui attraperont les gros trucs. Si le pire devait arriver, nous chargerons la vieille pute avec la saleté et la laverons." sur le chemin du retour. Je vais détruire cette plage jusqu'au substrat rocheux si je dois travailler les orteils et les doigts .

À midi, la goélette était vitrée aussi solidement qu'un modèle de jouet monté dans une mer de verre. Le vent s'éloignait entièrement, mais le courant les emportait régulièrement vers le rivage bruyant, où les houles créaient des promontoires, des baies, des falaises et des gouffres dans la confusion amoncelée des floes martelant les rochers, se brisant ou glissant au sommet. les uns les autres dans une confusion bruyante.

La blancheur marbrée des masses de glace était rehaussée par les bleus et les doux violets de leurs ombres, et par un éclat nacré partout où les avions captaient la lumière selon une inclinaison appropriée au jeu des prismes. Aussi beau soit-il, le spectacle était effrayant pour Rainey, tout comme pour l'équipage. Seul Lund l'examina nonchalamment.

"Ça va vite", a-t-il déclaré. "Tout ce dont nous avons besoin, c'est d'un peu de chance. Si nous n'y parvenons pas, il ne sert à rien de s'inquiéter . Nous ne pouvons pas nous en sortir sans risquer la goélette. Nous devrions être reconnaissants de nous être figés en douceur. Là Il n'y a pas une planche qui a commencé. La banquise nous repoussera. Il n'y a pas Enny gros morceaux Enny bien près de nous à l'arrière. La chance, pour atterrir convenablement , est tout ce dont nous avons besoin, et j'ai l'impression que cela arrive .

Son « intuition » était correcte. Bien qu'ils n'aient pas réellement atteint la petite baie sur laquelle débouchait la plage au trésor, ils s'en sont approchés contre une colline de glace brisée qui s'était logée sur les pentes abruptes d'un petit promontoire, établissant la connexion sans autre dommage qu'une fente de la mer. l'extrémité avant de leur banquise enveloppante, avec à peine un choc pour le *Karluk* .

Lund envoya des hommes à terre sur la glace, grimpant jusqu'aux rochers du promontoire avec des aussières par lesquelles ils amarraient la goélette, la banquise et tout, à la terre. Si la colline brisée subissait une nouvelle catastrophe, ce qui semblait peu probable, ses fragments tomberaient sur la banquise. En cas d'urgence, Lund ordonna aux hommes de se tenir jour et nuit près des aussières, de les détacher ou de les couper, selon les besoins.

Le principal danger était de suivre les floes s'entassant sur les leurs et de les écraser pour briser la goélette, mais c'était un risque qu'il fallait prendre en compte au fur et à mesure de son évolution, et il ne semblait pas y avoir beaucoup de chances que cela se produise.

Il faisait noir avant qu'ils ne soient blottis. Les hommes se portèrent volontaires, par l'intermédiaire de Hansen, pour commencer à creuser cette nuit-là à la lueur de grands feux, tant ils étaient fous à la proximité de l'or. Mais Lund l'a interdit.

"Vous travaillerez par quarts réguliers lorsque vous Ça a commencé, dit-il. Et tu ne commenceras pas avant demain . Nous devons rester à bord du navire cette nuit jusqu'à ce que nous sachions demain matin à quel point nous allons être confortablement amarrés.

Toute la nuit, ils restèrent dans un tumulte bruyant. Au bout d'un moment, ils s'y habituaient, comme le font les ouvriers d'une usine de timbres , mais cette nuit-là, cela les rendait assourdis, les maintenait éveillés et alertes, craintifs, sous l'énorme canonnade. La morsure du gel faisait grincer les poutres du *Karluk* et sa poussée se produisait continuellement parmi les masses échouées avec des tonnerres gémissants et des grincements stridents, tandis que les vagues résonnaient toujours sur les couches de glace résonnantes.

L'endroit recelait un étrange mystère. Au sommet du cône principal, la lueur volcanique planait au-dessus de la cheminée du cratère et se reflétait de manière hésitante sur les nuages de fumée qui effaçaient les étoiles. Il n'y avait pas de tremblements, pas de grondements provenant de la fournaise cachée, seulement le bruit de son attisation. Les étoiles visibles étaient des points intensément brillants et, lorsque la lune se levait, elle était accompagnée de quatre fausses lunes liées dans un halo qui entourait largement le véritable orbe. Les chiens lunaires brillaient par intermittence de couleurs prismatiques, comme des disques de nacre, et la lune elle-même avait quatre rayons.

Sous la lune et les étoiles, la côte serpentait pour se terminer dans une lueur trompeuse qui persistait au-delà de la portée visuelle des dimensions définies. Et, malgré tout le bruit sourd et aigu des éclats et des explosions, de la réverbération de la houle, en dehors de toute cette clameur, le silence semblait se rassembler et attendre. Silence et solitude. Cela a impressionné l'équipage, il a investi les esprits de Peggy Simms et Rainey, contemplant la beauté mystique du paysage arctique.

Les murs de glace poussée se déplaçaient autour d'eux et s'abattaient avec fracas, retentissant sur leur banquise comme s'il s'agissait d'un tambour, et menaçant de le faire basculer sous leur seul poids s'ils n'avaient pas été suffisamment ancrés en avant. D'autres floes venaient du large pour frapper les falaises, mais le tourbillon qui les avait amenés à leur lieu de repos semblait avoir été dissous dans le courant principal et, à l'exception d'une alarme occasionnelle, leur poupe n'était pas sérieusement envahie.

Seulement, à mesure que la nuit avançait, les masses flottantes se cimentaient les unes aux autres et au rivage. Le *Karluk* était dur et rapide à moins de deux cents mètres du terrain de son Tom Tiddler , juste au-dessus du promontoire. Si un dégel survient, tout devrait bien se passer. Si Lund avait été trompé et que le véritable hiver approchait tôt, les perspectives étaient loin d'être réjouissantes, même si personne ne semblait penser à cette possibilité.

Sous le glamour de la nuit magique, l'étrange paraséléne du phénomène lunaire, la lueur du volcan, les bruits, les hommes ne murmuraient qu'une seule chose : de l'or !

L'aube est arrivée avant qu'ils ne s'en rendent compte, un soudain afflux de lumière qui a teint la glace de toutes les nuances de rouge et d'orange, qui a fait basculer la côte gelée avec des éclats de flammes rubis qui s'enflammaient comme des phares et doraient les crêtes des longues houles, teintant tout leur monde avec une gloire sauvage et contre nature.

Lund, marchant sur le pont, sa barbe rousse glacée par son souffle, s'arrêta brusquement et regarda vers l'est. Là, dans l'œil même de l'aube, il y avait une traînée de fumée, comme un panache sur les trois quarts de cercle flamboyants du soleil levant !

CHAPITRE XVI

LA PUISSANCE DU NIPPON

Le visage de Lund, sur lequel les bleus disparaissaient rapidement, devint violet-noir de rage. Il se tourna vers Sandy, bouche bée, et lui ordonna d'aller chercher ses jumelles. A travers eux, il regarda longuement la fumée. Puis il se tourna vers la fille et Rainey.

"Descendez dans la cabine", dit-il. "Nous aurons besoin de toute notre intelligence."

"C'est une patrouille de canonnières", dit-il. "Japonais, pour un million ! Aucun autre aussi loin à l'ouest. Et c'est sacrément drôle que ça devrait arriver juste à ce moment-là . Nous avons fait le voyage à l'heure prévue, et ici ils montrent. Mais nous allons laisser cela passer. " Nous devons réfléchir vite. Ils nous arraisonneront. Ils nous examineront à la recherche de peaux de phoques. Du moins, je l'espère. "

"Nous n'en avons aucun. Nos chasseurs, nos carabines et nos fusils de chasse prouveront que nous prétendons être des chasseurs de phoques pélagiques. Nous devons être sûrs qu'ils nous croient. S'il y avait une peau à bord ou un gourdin, ou la trace d'un mort, phoques sur les plages, ils nous cloueraient. Ils pourraient, en tout cas , plaisanter sur nos soupçons.

"Ils dirigent les choses de cette façon avec une main haute. S'ils nous mettent un jour en prison , ce sera là où nous ne pourrons plus rien dire. Ils s'inquiètent beaucoup pour nos consuls. Il y a trop de bons chasseurs de phoques qui ont abandonné. à vue dans une de leurs prisons puantes pour mourir de faim de mil et de poisson séché et moisi. Je sais de quoi je parle .

"C'est une chance que nous n'ayons pas commencé à nous occuper de cette plage. Mais ils vont tout revoir. Je les connais . Ils prétendent être propriétaires des mers par ici, et ils sont plus arrogants que jamais depuis la guerre. Rainey, toi Je dois m'occuper du journal. Si autrefois mon père n'a pas continué comme ça, Miss Peggy, tant mieux. S'il l'a fait, tu dois faire semblant d'une manière ou d'une autre , Rainey.

"Je m'appelle Simms, prenez-moi, jusqu'à ce que nous soyons débarrassés d' eux . Et vous, Rainey, êtes Doc Carlsen. Rien ne doit apparaître dans le journal sur les décès d'Enny ."

"Mais pourquoi?" demanda la jeune fille. "Pourquoi devons-nous nous déguiser ? Si nous n'avons pas touché aux sceaux ?"

Lund lui aboya :

"Je vous ai reconnu pour votre esprit plus vif", dit-il. "Il faut que tout soit si régulier qu'ils ne trouvent pas d'excuse pour nous transporter et mettre le feu à la goélette. Ils le feraient en un tournemain. Nous devons leur montrer notre autorisation. papiers, et nous devons faire le pointage sur toute la ligne. Rainey n'est pas sur les livres du navire – Carlsen l'est. Lund n'y est pas , mais Simms l'est. Je suis Simms. Et vous " - il s'arrêta pour "Tu es ma fille. Je vais dissoudre la relation après un moment, je te le promets. Et je vais entraîner les hommes. Ils savent ce qui les attend si les Japonais se méfient.

" Ce n'est pas le pire ! *Ils savent peut-être ce que nous recherchons.* S'ils le savent, nous sommes foutus. Il ne vous est jamais venu à l'esprit, Rainey, que Tamada , qui est profond, a peut-être prévenu tout le monde. chose à son consul pendant que la goélette était à San Francisco ? Il était lors du dernier voyage. Il connaîtrait la position approximative. Il aurait peut-être pu sortir les bons gars du rondin, lui ayant parcouru la cabine. Un câble ferait le reste. Il s'en donnerait à cœur joie, avec l'ordre du chrysanthème doré ou d'un jigarig en plus, un connard même avec ce qu'il ressent en portant notre tenue devant nous , c'est ça. ce n'est pas trop gentil avec lui.

Cette suggestion constituait un fondement de conviction pour Rainey. Il avait pensé au consul. Il avait toujours senti une certaine profondeur dans la réserve de Tamada , il se souvenait de bribes de son discours, des « certaines circonstances » qu'il avait évoquées. Cela semblait plausible. Lund se leva.

"Je vais soigner Tamada ", a-t-il déclaré. Mais la fille l'a arrêté.

"Tu ne *sais pas* que c'est vrai. Tamada a été merveilleuse… avec moi. Qu'as-tu l'intention de faire de lui ?"

"Je prendrai ma décision entre ici et la cuisine", dit Lund d'un air sombre. "C'est la troisième fois que je m'attaque à cette île, et aucun Japonais ne va se mettre entre moi et l'or, ce voyage. Eh bien, même s'il ne s'en prend pas à nous, il va tout dévoiler. " S'il ne voulait pas , ils le feraient passer s'ils posaient les yeux sur lui. Ils ont plus d'astuces qu'un mandarin chinois pour faire parler un homme. Il va de soi qu'il leur le dira . Si il pourra parler quand ils seront ici, ajouta-t-il d'un ton menaçant, se tenant à mi-chemin entre la table et la porte du couloir, sa main s'ouvrant et se fermant de manière suggestive. "L' équipage réglerait son compte si je ne le faisais pas. Ce ne sont pas des imbéciles. Ils savent ce qui les attend au Japon. Toi, Rainey, occupe-toi de ce journal. Cette canonnière aura un bateau le long de cette banquise. dans quatre-vingt-dix minutes ."

Mais Peggy Simms se tenait entre lui et la porte.

"Tu ne le feras pas", dit-elle, ses yeux durs comme du silex, si ceux de Lund étaient comme de l'acier. « Tu ne sais pas ce qu'il était pour moi quand… quand papa a été enterré. Appelle-le et laisse-le parler pour lui-même ou… ou *je dirai moi-même aux Japonais pourquoi nous sommes venus* !

Lund la regardait, le visage dur, la barbe dressée comme un buisson avec la saillie de la mâchoire. Elle lui faisait toujours face, résolue, à peine jusqu'à son épaule, mince, provocante. Peu à peu, ses traits se transformèrent en un sourire.

"Je crois que tu le ferais," dit-il enfin. "Et je détesterais te soigner comme je le ferais avec Tamada . Mais, attention, si je n'obtiens pas de lui une promesse précise qui sonne juste, je devrai le ranger quelque part , là où ils ne le feront pas. " Je ne le trouverai pas. Et il ne sera pas à bord du navire.

Le visage de la jeune fille s'adoucit.

"Vous avez dit que vous aviez joué loyalement", dit-elle avec un soupir de soulagement. Elle se dirigea vers la porte, l'ouvrit et appela Tamada . Les Japonais sont apparus presque instantanément. Lund ferma la porte derrière lui et la verrouilla.

"Tu sais qu'une patrouille arrive , Tamada ?" Il a demandé. "Une patrouille japonaise ?"

"Oui."

"Qu'est-ce que tu comptes leur dire s'ils montent à bord ?"

"Rien, si je peux l'aider. Je pense que je peux. Je ne suis pas ami avec le gouvernement japonais. Ce serait mauvais pour moi s'ils me trouvaient. Une fois, j'ai appartenu au Parti progressiste au Japon. Je parle beaucoup. Trop. Le gouvernement dit que je suis trop progressiste."

Rainey imaginait avoir perçu une lueur d'humour dans les yeux de Tamada alors qu'il prononçait ses syllabes coupées.

"Alors, je quitte mon pays. Supposons que je pars sur un bateau à vapeur, je pense que le gouvernement m'arrête. Je pense que même en Californie, ils peuvent créer des ennuis s'ils me trouvent. Alors je pars en *sampan* . Parfois, les Japonais traversent la Californie en *sampan* . "

"C'est vrai", a déclaré Rainey. Il avait traité de plus d'une histoire d'équipages japonais débarquant sur une partie désolée de la côte pour éviter les lois sur l'immigration et les tarifs des bateaux à vapeur. Généralement, ils étaient rassemblés après leur périlleuse et audacieuse traversée du Pacifique. L'histoire de Tamada contenait des éléments de vérité. Même Lund acquiesça avec réserve.

" De plus, j'embarque sur *Karluk* en tant que cuisinier à cause peut-être de problèmes si quelqu'un me connaît à San Francisco. Je pense que c'est beaucoup mieux s'ils ne me voient pas. J'ai un plan. Je veux aussi ma part d'or. Supposons que cette canonnière me trouve , renseignez-vous sur l'or, ils ne me donneront pas de récompense. Vous ne connaissez pas le japonais. Ils me mettront en prison. Cela me sera suggéré , car je suis du sang *du daimio* . "— Tamada se redressa légèrement en réclamant son noblesse - "que je fais du *hari-kari* . Cela, je ne le souhaite pas. Je suis progressiste. Je préfère de loin cuisiner à bord *du Karluk* et recevoir ma part de l'or."

Lund l'observa d'un air maussade, à moitié convaincu. La jeune fille était toute enthousiaste.

"Quel est ton plan, Tamada ?"

"Nous perdons du temps avec ce journal", coupa Lund. "Tiens-toi occupé, Rainey. Regarde parmi les affaires de Carlsen. Il en a peut-être gardé une. Dope l'un d'eux et brûle l'autre. Maintenant, Tamada , dope ton ancien plan; ça doit être un bon plan."

Lund et la jeune fille riaient quand Rainey réapparut dans la cabine principale avec les disques. Tamada avait disparu.

"C'est un renard", a déclaré Lund. "Mlle Peggy, vous feriez mieux de superviser les représentations théâtrales. Cela doit être bien fait. Rainey, pour ne pas vous interrompre, que savez-vous de la fièvre entérique ?"

"Rien."

"Eh bien, c'est la même chose que la typhoïde. Il y aura un chirurgien à bord de cette canonnière. Vous devez le bluffer. Dites peu et ayez l'air sage comme un hibou. Ne le laissez pas se mêler à un ancien patient."

"Mon patient ?"

" Tamada ! Il a de la fièvre entérique. S'il a le temps , il te donnera toute la drogue. "

"Mais je ne vois pas comment ça—"

"Vous verrez quand vous verrez Tamada ", sourit Lund. "Et ces journaux ? Pouvez-vous les réparer ?"

"Je pense que oui."

"Alors vas-y. Je vais sensibiliser les hommes et organiser un comité de réception. N'oublie pas mon ancien nom, Carlsen, et le mien, Simms."

Rainey écrivait rapidement dans son journal de bord, effaçant, éliminant des pages sans laisser de trace, imitant la formulation du capitaine. Heureusement , Simms n'avait fait que peu d'informations au début et, plus tard, comme la drogue le retenait, aucune. Carlsen n'avait conservé aucune trace qu'il pouvait trouver. La jeune fille était allée de l'avant pour aider Tamada à réaliser le plan que Lund avait manifestement accepté.

Avant d'avoir complètement fini , il entendit le piétinement des hommes sur le pont et le coup de sifflet à vapeur. Il termina sa tâche et monta voir la canonnière, grise et menaçante, ses cuivres luisants, les hommes sur ses ponts à leur tâche, inconscients de la goélette, et les officiers sur sa passerelle observant la progression d'une chaloupe vers la banquise.

Il atterrit intelligemment et un lieutenant, de petite taille mais d'apparence très efficace, conduisit six hommes vers le *Karluk* . Il portait une épée et un revolver ; les hommes portaient des carabines. Leur rang discipliné et leur intelligence, la chaloupe en attente, la canonnière en perspective, étaient de mauvais augure avec la suggestion du pouvoir, la volonté de l'administrer. L'officier qui commandait avait le menton incliné avec arrogance. Lund avait installé une passerelle et se tenait à la tête de celle-ci, saluant le lieutenant tandis que ce dernier répondait vivement au salut.

Rainey trouva la jeune fille et lui posa une question précipitée.

"Et Tamada ? Où est-il ? Quel est le plan ?"

Elle se tourna vers lui avec des yeux qui dansaient d'excitation.

"Il est dans la cuisine, docteur Carlsen. Mais ce n'est pas Tamada." plus . C'est Jim Cuffee , un cuisinier nègre, atteint de fièvre entérique, qu'il ne faut pas déranger.

Rainey le regarda fixement. C'était un stratagème astucieux, si Tamada pouvait le mettre en œuvre, et il portait sa propre part dans la mascarade. La volonté de Tamada de risquer le déguisement était l'assurance de sa fidélité.

"Lund aurait dû me le dire ", a-t-il déclaré. "Je dois changer son nom dans les journaux. Mais cela ne prendra pas une minute ; il n'apparaît pas dans le journal."

L'officier japonais ne perdit pas de temps sur le pont. Par précaution, Rainey a effectué sa modification dans la cabine du capitaine, y laissant le journal sur le bureau intégré.

"Voici le lieutenant Ito, docteur Carlsen", a déclaré Lund. « Vous voulez voir nos papiers, lieutenant ?

"Mes ordres sont d'examiner la goélette", dit Ito dans un anglais encore plus parfait que celui de Tamada . Son visage était officiellement sévère, même si ses yeux bridés se tournaient constamment vers la jeune fille. De toute évidence, elle constituait un élément inattendu de la visite.

"Je vais d'abord récupérer les papiers", a déclaré Lund. "Docteur, vous et Peggy divertissez le lieutenant." Rainey présenta du whisky que les Japonais refusèrent, des cigares qu'il passa d'un mouvement de la main. Il s'assit avec raideur et parcourut les journaux.

"Nous sommes pélagiques, vous savez", a déclaré Lund. "Nous ne sommes pas intrusion volontaire. Je ne savais même pas que l'île vous appartenait."

"C'est sur nos cartes", dit Ito d'un ton sec, comme si cela réglait le droit de domination. "Comment es-tu venu ici ?"

"Nous avons été amenés", a déclaré Lund. "J'ai été gelé au nord de Wrangell. Le vent nous a dirigés vers l'ouest alors que nous sortions du détroit. Nous sommes à destination de Corwin. Rien de contrebande. Tout est normal . Six chasseurs, dont deux endommagés par le vent, bien que le doc " Je les ai réparés . Douze marins, un garçon, et un cuisinier nègre qui s'est piqué lui-même avec sa propre cuisine . Doc l' amène aussi, même s'il ne le mérite pas. Vous voulez faire une inspection autrefois ? Nous sommes Je ne suis pas pressé de m'enfuir jusqu'à ce que la glace fonde. Prenez plus de temps.

Le petit officier élégant, avec son visage vif aux joues hautes et ses cheveux en brosse à chaussures, se leva et s'inclina en jetant un coup d'œil latéral à Peggy Simms.

"Il n'est pas habituel que des jeunes filles se trouvent si loin au nord." Son effort de bravoure était évident.

"Je suis avec mon père", dit la jeune fille en regardant Rainey, appréciant la situation.

"Là où je vais , elle va", a déclaré Lund. Et la regarda à son tour avec délectation dans sa double suggestion. Lui aussi jouait au jeu, jouait, croyait en sa chance, imprudent, maintenant qu'il avait mis l'échiquier.

Ils traversèrent le couloir. Lund ouvrit la chambre forte, puis la cuisine. Tout était ordonné, et il y avait une silhouette gémissante dans la couchette de Tamada , une silhouette agitée avec une tête attachée dans un bandana rouge au-dessus du visage et du cou noirs qui apparaissaient au-dessus des couvertures. Les yeux étaient fermés. Les mains noires, aux paumes plus claires, tiraient sur les couvertures.

"Délirant", a déclaré Lund. "C'est bien pour lui. C'est un mauvais cuisinier."

"Avez-vous tous les médicaments dont vous avez besoin ?" » demanda Ito. "Je peux envoyer notre chirurgien."

"Je peux me débrouiller", a répondu Rainey, *alias* Carlsen. "C'est entérique. J'ai réduit la fièvre."

Ils traversèrent les quartiers des chasseurs. La fille a pris du retard sur Rainey.

"Un bon maquillage et un bon acteur", murmura-t-elle. "Je l'ai aidé à être sûr qu'il couvrait tout ce qui pouvait se voir. C'était mon idée à propos du bandana. Exactement ce qu'un nègre malade pourrait porter, et il cachait ses cheveux raides."

Le lieutenant parut assez satisfait, mais demanda à Lund de monter à bord de son navire. Il y resta jusqu'au coucher du soleil, revenant d'humeur hilarante.

Cette fois, nous leur avons glissé dessus" , a-t-il déclaré. "Je les ai laissés je nage avec *du saké* et je bouillonne de regrets polis. Mais ils seront de retour dans trois semaines, ont-ils dit, si la glace est libre. Et si la chance tient, on s'en sortira. Je ne veux pas qu'ils fouillent à nouveau le navire . » Il frappa Tamada dans le dos alors qu'il venait servir le dîner après que Sandy ait mis la table.

"Un habitué sketch de vodeville ", s'est-il exclamé. "Tu es un acteur, Tamada ! Mais pourquoi n'as-tu pas dit que l'île figurait sur leurs cartes ? Ils ont même un nom pour ça. Hiyama ."

"Cela signifie montagne chaude", a déclaré Tamada . "Le gouvernement nomme de nombreuses îles."

"Vous pouvez parier qu'ils le faisaient autrefois", a déclaré Lund. "Ils sont intelligents, mais ils ont négligé cette plage et ils nous ont donné trois semaines pour encaisser."

Lund lui-même avait bu suffisamment de *saké* pour lui faire perdre la langue, ce qui ajoutait à son exaltation face au succès qu'il avait obtenu. La canonnière était partie en patrouille et il avait les mains libres. Il remplit à moitié un verre de whisky. "C'est de la chance", cria-t-il. Et il renversa une partie de l'alcool sur le sol avant de porter le verre à ses lèvres.

"À vous, Doc," ajouta-t-il. " Un ' à Peggy ! " Il roula des yeux légèrement injectés de sang vers la jeune fille.

"Nos relations ont repris comme d'habitude, M. Lund", dit-elle doucement. Lund la regarda d'un air à moitié truculent.

"Je suis d'accord", a-t-il déclaré. "En tant que fille, je vous renie désormais, Miss Peggy. À vous, plaisantez quand même !"

CHAPITRE XVII

MON COMPAGNON

Dès le lendemain de l'arrivée et du départ de la canonnière japonaise, ils attaquèrent la petite plage en forme de U, située entre deux contreforts du volcan et qui descendait brusquement vers la mer. Vingt et un hommes, un garçon et une femme, se mirent à la dépouille avec une sorte d'obsession, menés plutôt que conduits par Lund, qui travaillait parmi eux comme un Hercule.

Dès le début, la langue de galet promettait d'être presque incroyablement riche. Entre ces deux éperons de montagne, la marée avait emporté et projeté l'or riche et écaillé d'une veine sous-marine, l'entassant pendant des années inimaginables. Les marées descendantes l'avaient enfoncé dans les graviers, les inondations l'avaient abattu ; plus ils s'enfonçaient dans le substrat rocheux, plus le pan était riche.

L'estimation fantaisiste d'un million de dollars des hommes commença rapidement à paraître petite à mesure que les travaux avançaient, dépouillant systématiquement le sol rocheux de tous ses bardeaux, pied par pied et mètre cube par mètre cube, le berçant dans des bascules grossières, le fluant, vaporisant le amalgame d'or et de mercure, et ajouter livre après livre d'or vierge aux sacs de la chambre forte de la goélette.

Ils travaillèrent d'abord par équipes alternées de quatre heures, de jour comme de nuit, sous le soleil, la lune, les étoiles et les aurores enflammées. La croûte était percée ici et là où elle s'était figée en conglomérat, et explosait à la dynamite, soigneusement placée pour ne pas déloger les masses de glace qui surplombaient la goélette. Les feux destinés à dégeler le sol n'étaient pas disponibles, faute de carburant ; il n'y avait pas de bois flotté entre ces rivages sans forêt. Le combustible qui pouvait être économisé était conservé pour être utilisé sous les chaudières qui faisaient fondre la glace pour fournir de l'eau aux berceaux et aux canaux, et pour aider à cuisiner les repas que Tamada préparait à l'extérieur pour les ouvriers.

Des seaux de café, des ragoûts et d'épaisses soupes de pois et de lentilles, des masses de haricots avec beaucoup de gras de porc, voilà ce dont ils avaient envie après des heures d'efforts formidables. Malgré le froid, ils transpiraient abondamment pendant leur travail, enlevant leurs sur-vêtements tout en ramassant et en pelletant ou en mettant un pied-de-biche sur le riche gravier.

Peggy Simms a travaillé avec les autres, assistant Tamada et aidant à servir Sandy. Deming et Beale, l'homme aux côtes endommagées, se sont vu confier de petits travaux qu'ils pouvaient accomplir : alimenter les feux, faire la vaisselle ou aider à la petite forge où les forets étaient affûtés.

Pendant tout cela, Lund a joué un rôle suprême en tant que surintendant. Il n'y avait aucune tâche qu'il ne pouvait, ne faisait, mieux que deux d'entre eux, et, bien que Rainey puisse constater un rétrécissement ou une compression de sa masse à mesure qu'il faisait jour après jour appel à elle pour un service héroïque, il n'a jamais semblait fatigué.

"Il faut qu'ils continuent " , disait-il dans la cabine. "Pas de temps à perdre, et d'une certaine manière, toutes les chances sont contre nous. Sauf chance. C'est sur cela que nous devons compter, mais nous ne voulons pas qu'ils pensent cela. Si le temps ne se gâte pas... et " C'est vrai, c'est vrai : dès que nous avons nettoyé, nous sommes piqués. Même si je ferai sauter un moyen de sortir de cette glace côtière, si cela devait arriver au pire. J'ai volontairement économisé de la dynamite. "

"Nous aurions dû apporter une pelle à vapeur", a déclaré Rainey. Il était dur comme le fer, mais il avait fait un dur apprentissage du travail, et ses mains et ses ongles, imaginait-il, ne retrouveraient plus jamais leur forme.

"Maintenant, tu parles ", approuva Lund. "Nous aurions pu le manipuler en bon état et laisser la machine derrière nous comme un déchet ou un souvenir pour nos amis japonais. Nous devons supprimer ce quart de travail de quatre heures. Trop de temps perdu à changer . Trop de repas " Nous allons faire un long et régulier changement de main de toutes les mains tant que nous pouvons y tenir tête, et tout dormir normalement . J'en ai besoin moi-même. "

Rainey savait que ni lui ni Hansen ne gagnaient les deux tiers de leur temps de travail par rapport à l'époque où Lund commandait, même s'il leur avait donné le choix des hommes. Ce n'était pas que les hommes faisaient semblant, ils n'avaient simplement ni l'un ni l'autre le talent de maintenir le travail à une vitesse maximale et avec une efficacité maximale.

Mais, comme Lund les manipulait tous comme une unité, il ne fallut pas longtemps avant que les pelles commencent à gratter la roche nue qui recouvrait le gravier au bord de la marée, et à travailler rapidement jusqu'à l'extrémité du U. La cuisine extérieure avait été établi au sommet du promontoire entre la goélette et la plage, un arrangement primitif de gros pots suspendus à des trépieds au-dessus de feux allumés sur une zone plate en partie abritée de la mer et des vents dominants par des affleurements de lave altérée.

A l'aube, les hommes descendirent en troupe de la goélette pour se nourrir et se réchauffer, puis ils se jetèrent à leur tâche. Plus ils en sortaient, plus ils y gagnaient. Mais Lund était leur suzerain, leur meilleur, et ils le savaient. Seul

Deming manipulait d'une main le manche du soufflet de la forge, ou alimentait le feu, et ricanait.

Lund dépassait d'une tête le plus grand d'entre eux, Rainey, et il était toujours au cœur du travail, dirigeant, exigeant le maximum et donnant l'exemple au commandement arrière. Ses yeux l'avaient gêné et il avait fabriqué une paire de lunettes de neige arctiques, de simples cercles de bois percés de fentes. Mais sous ceux-ci la sueur s'accumulait, et il les jeta, recourant au procédé primitif consistant à étaler de la suie autour de ses yeux. Cela, dit-il, le soulageait, mais cela faisait de lui une sorte de Caliban étrange dans ses travaux.

Le quinzième jour, alors que le travail était à moitié fait, avec plus d'une tonne d'or véritable en couleurs, allant de la poussière de farine aux pépites, dans la chambre forte, le temps commença à changer. Il y avait continuellement de la brume et Lund, joyeux, prophétisait la fin de la vague de froid.

Au dix-huitième jour, un Chinook régulier soufflait, faisant fondre les contours les plus nets des rochers et des pinacles glacés, et fournissant des courants d'humidité qui, au cours des nuits qui s'allongeaient progressivement, glaçaient de péril chaque mètre de roche.

Les hommes travaillaient dans la boue avec leurs bottes de caoutchouc usées par les frottements constants, leurs pulls déchirés, les lames de leurs pelles réduites par le travail qui leur était demandé, les forets, raccourcis par un affûtage constant, disparus comme la chair de rechange des ouvriers. , qui, enfin, commença à montrer des signes d'épuisement de plus en plus rapides avec des marmonnements occasionnels de mécontentement, tandis que Lund, résolu uniquement à nettoyer le rocher comme un dentiste nettoie une dent en ruine, cajolé et maudit, blâmé et loué et intimidé, et fait le travail réel de trois d'entre eux.

Morts de fatigue, rassasiés de nourriture, somnolents à cause de l'allocation généreuse de grog de fin de journée, les hommes dormaient dans une torpeur chaque nuit et se montraient de moins en moins enclins à répondre, même si la fin de leur travail était presque en vue.

"A quoi ça sert, nous en avons assez", tel est le commentaire qui commence à être entendu de plus en plus fréquemment. "Lund, il a plus qu'il ne peut dépenser dans sa vie !"

Rainey ne pouvait pas attribuer ces murmures à l'instigation de Deming, mais il soupçonnait le chasseur. Il n'y avait pas de poker ; toutes les mains étaient trop fatiguées pour jouer.

La glace dans laquelle la goélette était emballée commençait à montrer des signes de désintégration. La surface pourrissait le jour et gelait à nouveau la nuit, ce qui détruisait sa compacité. Si l'arc du soleil au-dessus de l'horizon avait été plus long, ses rayons plus verticaux, la glace aurait infailliblement fondu et libéré le *Karluk* , car c'était de la glace d'eau salée, et il y avait des moments où le thermomètre restait au-dessus de son point de congélation pendant deux ou trois heures. trois heures vers midi.

Lund accorda peu d'attention à la banquise. Tant que le temps actuel persisterait, il déclarait qu'il pourrait sortir à la dynamite en quatre heures.

L'effet de tout cela sur Rainey fut quelque peu déroutant. Il jugeait la vie selon de nouvelles normes très éloignées de ses propres modes et, bien que lui aussi travaillait avec volonté et se réjouisse de l'effort plus libre de ses muscles, le résultat se comparait favorablement à celui des meilleurs des autres, à l'exception de Lund. n'a pas pu assimiler les conditions générales.

Ils étaient trop purement physiques, se dit-il ; Ses anciennes habitudes lui manquaient, la lecture et la discussion de livres, nouveaux et anciens, les bons restaurants de San Francisco, et la conversation qu'il avait l'habitude de tenir à leurs tables, conviviale, spirituelle, l'échange et la stimulation d'idées.

Les théâtres, les concerts, le spectacle passager de femmes bien habillées, un mélange de pots de viande et d'élévation mentale lui manquaient. Il s'est mis à rêver de ces choses la nuit.

Le jour, il voyait clairement que, dans cet environnement au moins, Lund était grand, et les autres relativement petits. Il croyait que Lund pourrait réellement créer son propre petit royaume, comme il l'avait suggéré, et en faire un succès. Mais ce ne serait pas un royaume qui favoriserait les arts. Il cultiverait les sciences, ou du moins les encouragerait et adopterait les résultats appliqués à l'aménagement du territoire et, le cas échéant, à la défense du royaume.

Lund serait une figure de la guerre et de la paix, une paix pratique, une paix qui va de pair avec l'abondance. Ce n'était pas un rêveur, mais un utilitaire. Après tout, c'est peut-être à l'heure actuelle que le monde a le plus besoin de tels hommes.

Quant à Peggy Simms, elle n'a pas perdu l'éclat de sa culture, elle a toujours été féminine, voire délicate par moments, malgré son travail qui ne pouvait s'empêcher d'être quelque peu grossier. Elle était pleine de vigueur, elle montrait une force inattendue, elle était une source d'encouragement pour les hommes lorsqu'elle les servait. Et aussi une source d'admiration non dissimulée, qu'elle répandait comme un canard verse de l'eau. Elle était remplie d'une santé abondante, elle bougeait avec une grâce libre qui tenait le regard et s'attardait dans l'esprit. C'était éminemment une femme, et elle aussi était grande.

Rainey a gagné un respect croissant grâce à ses prouesses et une conversion rapide à l'égalité des sexes. Il y avait des moments où il doutait de sa propre égalité. Si elle l'avait rencontré sur son propre terrain, dans son propre domaine de ce qu'il considérait vaguement comme une culture, il aurait connu une maîtrise qui lui manquait désormais. Dans l'état actuel des choses, elle avait un score moyen plus élevé et elle avait une attirance pour le sexe irrésistible.

C'était une fille qui exigerait certaines normes de la part de l'homme avec qui elle s'accouplerait, et pas seulement l'accompagnerait tout au long de la vie. Il y avait des moments où Rainey ressentait irrésistiblement son charme en tant que femme, la désirait ardemment dans les puissantes réactions sexuelles qui suivent inévitablement un travail pénible. Il y avait des moments où il sentait qu'elle ne considérait pas qu'il était à la hauteur de ses attentes, et il s'efforçait de changer l'atmosphère, de dominer la situation dans laquelle Lund était la figure la plus grande des deux hommes.

La rivalité que Lund avait suggérée entre eux à propos de la jeune fille, Rainey se sentait presque imposée. Il y avait des humeurs que Peggy Simms se tournait vers lui pour les partager, mais il y avait peu de temps dans les heures d'éveil pour faire l'amour, ou même pour y réfléchir.

Lund était centré sur une seule réalisation, la récolte de l'or. Il ordonna à la jeune fille de s'occuper du reste ; il y avait même des moments où il la réprimandait, tandis que Rainey brûlait du ressentiment qu'elle ne partageait apparemment pas.

Un peu avant l'aube, le dix-huitième jour des travaux sur la plage, Lund était sur la banquise pour examiner l'état de la glace. Il avait déclaré que deux jours supplémentaires de durs efforts achèveraient leurs travaux. Ce qui restait de saleté à la fin de cette période, ils le transbordaient. Rainey avait rejoint la jeune fille et Tamada autour du feu de cuisine.

Le ciel était lumineux avec les aurores boréales qui pâliraient devant le soleil. Les hommes n'étaient pas encore sortis de leurs couchettes. Ils étaient fatigués de leurs os et de leurs muscles, et Rainey doutait que Lund, lui-même maigre et maigre, puisse en tirer deux jours de travail de haut niveau. Près des feux de cuisson, de fonte de l'eau et de forge, qui brûlaient toute la nuit, les outils étaient empilés, pour aider à conserver leur tempérament.

Les aurores frémissaient selon une incandescence variable tandis que Rainey regardait Lund pousser la banquise avec une barre d'acier. La fille était occupée avec le café et Tamada préparait deux pots de ragoût et de pudding aux pois bouillonnants pour le petit-déjeuner, de la nourriture pour se réchauffer et se muscler.

Sandy est apparue sur le pont et a rapidement franchi le côté du navire et remonté la piste usée jusqu'aux incendies. Il montra de l'enthousiasme, pensa Rainey, sûr de lui alors que le garçon se rapprochait de la distance de parole.

« Où est M. Lund ? il haletait.

Rainey désigna Lund, examinant maintenant une fissure qui s'était ouverte dans la banquise, une possible ligne de sortie pour le *Karluk* , plus tard. Les hommes commençaient à apparaître sur la goélette. Eux aussi, remarqua-t-il un peu paresseusement, ont agi différemment ce matin. Habituellement, ils étaient paresseux jusqu'à ce qu'ils aient mangé, somnolents et indifférents jusqu'à ce que le café les stimule, et Lund a repris ce stimulus et l'a attisé pour en faire une flamme de travail. Ce matin, ils marchaient différemment, anormalement actifs.

"Ils sont ivres et ils font grève", a déclaré Sandy. "Tu connais la grande dame-jeanne du lazaret ?"

Rainey hocha la tête. C'était une affaire à deux poignées contenant cinq gallons, une réserve de rhum fort à partir de laquelle Lund distribuait les indemnités de grog et les stimulations pour le travail supplémentaire vers la fin du quart de travail, les bonnets de nuit et les récompenses occasionnelles.

"Ils l'ont volé", a-t-il déclaré. "Mettez-en un vide de la cale à sa place. Nous en avons eu plein sans l'utiliser pendant un moment, et je ne l'ai remarqué que ce matin par hasard. Ils ont bu toute la nuit, je pense. Ils " sont laids, M. Rainey. C'est l'équipage cette fois. Ils ont eu de l'alcool. Les chasseurs sont sobres. Deming n'est pas impliqué dans ça. Ils l'ont fait tout seuls. Je ne sais pas comment ils l'ont obtenu. Je Je ne l'ai pas eu pour eux , monsieur. Ils ont dû travailler d'aplomb dans la cale et y sont arrivés par là.

"Très bien, Sandy. Merci. M. Lund peut s'en occuper, je suppose. Il arrive maintenant."

Les hommes étaient arrivés sur la glace, à l'abri de Lund, qui se dirigeait vers le *Karluk* du côté opposé du navire. Les marins gesticulaient librement ; le son de leurs voix lui parvenait là où il se tenait, teinté d'une nouvelle liberté de parole, rude, confiante, menaçante. Tandis qu'ils gravissaient le sentier, leurs jambes les trahissaient et confirmaient l'histoire du garçon. Derrière eux venaient les quatre chasseurs, avec Hansen, marchant l'un à l'autre, observant les marins avec une certaine gravité qui se communiquait malgré la distance.

Lund montra le bastingage de la goélette avec sa barre. Il jeta un coup d'œil vers les hommes qui se rendaient au travail, descendit en bas et trouva un pull. Il avait laissé le bar derrière lui dans la cabane, où il servait de tisonnier.

Les hommes défilèrent devant Rainey, le visage rouge et les yeux inhabituellement brillants. Ils semblaient partager une plaisanterie de premier ordre qui voulait bouillonner encore et encore, tout en gardant une retenue sur eux-mêmes qui était allégée par des coups dans les côtes de l'autre, par des rires lorsque l'un trébuchait ou avait le hoquet.

Mais Hansen était plus impassible que jamais et les chasseurs n'avaient visiblement pas partagé l'alcool volé. Seuls les yeux de Deming parcouraient le groupe d'hommes alors qu'ils se rassemblaient pour prendre leurs tasses et leurs paniers de nourriture. Il semblait calculer quel avantage il pourrait tirer de cet événement inattendu.

Peggy Simms, sous couvert de verser le café fortement sucré avec du lait concentré, trouva le temps de parler à Rainey.

"Ils sont tous ivres", dit-elle.

"Pas tous. Voici Lund. Il s'en chargera."

Lund semblait encore réfléchir au problème de la banquise. Au début , il ne remarqua pas l'état des marins. Puis il l'a apparemment ignoré. Mais après qu'ils eurent mangé, il parla à tous les hommes.

"Encore deux jours, les gars, et nous avons fini. La plage est presque dégagée. Nous pouvons sortir de la banquise et rejoindre l'eau bleue assez facilement, et nous prendrons un bon départ sur le navire de patrouille. Nous "Je repartirai avec les poches pleines et lourdes. Les actions seront à nouveau deux fois moins grandes que nous l'avions imaginé . Je ne me demanderais pas si elles valaient en moyenne seize ou dix-sept mille dollars chacune."

Rainey avait choisi un Finlandais à la barbe noire pour diriger les marins dans leur débauche. La liqueur semblait avoir déchaîné en lui un esprit de révolte qui confinait à l'insolence. Il se tenait debout, les jambes arquées, les mains mitées sur les hanches, regardant Lund avec un sourire caché.

Après Lund, il était le plus grand homme à bord. Le rhum donnant une coordination inhabituelle à son système nerveux habituellement lent, il promettait d'être une source d'ennuis.

Rainey fut surpris de le voir hausser les épaules et ouvrir la voie à la plage. Peut-être que le petit-déjeuner les avait dégrisés, même si les vapeurs de l'alcool flottaient encore dans l'air.

Lund descendit, avec Rainey à ses côtés, rapportant Sandy.

m'en sortir ", a déclaré Lund. "Cet alcool sera pour eux un luxe coûteux , payé au prix d'un dur labeur."

Ils trouvèrent les hommes répartis en trois groupes. Deming et Beale, contre la coutume, étaient descendus à la plage. Ils étaient censés aider à nettoyer les ustensiles de cuisine et aider Tamada après un repas, en plus d'alimenter les feux.

Ils se tenaient un peu à l'écart des chasseurs, de Hansen et des marins. Le Finlandais, parlant à ses camarades dans un grognement sourd, se trouvait dans un groupe séparé.

Il y avait un air de défi manifeste, un sentiment de suspense dans la petite vallée, adossée au cône renfrogné, nervuré par les deux promontoires de glace. Lund les observa attentivement.

« Qu'est-ce que tu as ? aboya-t-il. « Hansen, envoie un homme chercher les perceuses et les pelles. Le travail d'antan est tracé ; saute dessus ! »

"Nous ne sommes pas " Je ne vais plus travailler", dit le Finlandais d'un ton agressif. "Pas pour un salaire aussi élevé que celui que vous donnez."

"Oh, tu ne l'es pas , n'est- ce pas ?" se moqua Lund. Il se tenait avec Rainey au milieu de l'espace qu'ils avaient débarrassé des graviers, les marins plus bas sur la plage, plus près de la mer, leurs rangs compactés. "Pourquoi, espèce d'alcoolique et de mauvais beau gosse, qu'est-ce que tu veux ? Tu n'as jamais vu vingt dollars en une seule fois que tu pourrais appeler autrefois ton propre pendant plus de dix minutes . Tu es un fainéant de pension et le reste d'entre vous, des ordures des sept mers, vous avez autrefois des pelles et vous êtes un « connard pour creuser » , ou je vous débarque à San Francisco, fauché, et je suis « content de quitter le navire, en plus. *Sautez !* »

Le Finlandais grogna et les autres restèrent fermes. Aucun d'eux ne connaissait la valeur réelle de la part promise. L'argent ne représentait que des jetons échangés contre un logement, de la nourriture et des boissons en quantité suffisante pour les rendre détrempés avant même d'avoir dépensé leur salaire habituel. Puis ils se réveillaient pour découvrir que les autres avaient disparu et se jetaient sur la générosité égoïste d'un gardien de pension.

Mais ils avaient vu l'or, ils l'avaient manipulé, et ils étaient enflammés par le sentiment de ce que cela devrait faire pour eux. Peut-être que la moitié d'entre eux ne pouvaient pas additionner une simple somme, ne pouvaient tout au plus saisir des chiffres au-delà de mille. Et la vue de tant d'or l'avait rendu, d'une certaine manière, bon marché. Il y en avait un tas, et ils voulaient plus de ce tas brillant que ce qui leur avait été promis.

"Vous parlez grand", a déclaré le Finlandais. "Regarde mes mains." Il montrait des paumes calleuses, fendues, gonflées, des morceaux de chair engelée, usés et raidis. "Je suis un matelot, pas un putain de navvy ."

Lund se tourna vers les chasseurs.

"Tu es dans le coup ?" Il a demandé. Deming et Beale sont partis. Deux des autres les rejoignirent. "Neutre?" ricana Lund. "Je m'en souviendrai." Hansen et les deux autres arrivèrent aux côtés de Lund et Rainey.

"Nous sommes cinq", a déclaré Lund. "Cinq hommes contre douze rats de gaillard. Je vous donne deux minutes pour commencer le travail."

"Vous parlez gros avec un ancien pistolet en poche", a déclaré le Finlandais. "Moi, bon homme, comme tu le fais chaque jour."

Le visage de Lund s'assombrit avec un éclat de rage qui explosa en voix et en action.

"Vous pensez que j'ai besoin de mon arme, n'est-ce pas, bande de rats ? Alors essayez-la sans."

Sa main glissa vers son étui à l'intérieur de son épais manteau. Son bras se balançait, il y avait une traînée de métal brillant dans les rayons du soleil qui se levaient, volant au-dessus de la tête des matelots. Il plongea dans l'eau libre au-delà de la glace.

"Allez," rugit Lund, "ou je t'emmène au premier bain que tu prends depuis cinq ans." Le Finlandais baissa la tête et chargea ; les autres suivirent leur chef. La nourriture chaude avait dans une certaine mesure stabilisé leur contrôle moteur, ils étaient plus fermes sur leurs pieds, leurs yeux moins vagues, mais l'alcool brut fumait toujours dans leur cerveau. Sans cela, ils n'auraient jamais répondu à l'appel à la rébellion des Finlandais.

Il avait promis, et leurs esprits ivres le croyaient, que refuser en masse de travailler arrêterait automatiquement les choses jusqu'à ce qu'ils obtiennent leurs « droits ». Ils ne s'attendaient pas à un combat ouvert. L'alcool les avait poussés à bout, leur donnant un écoulement plus rapide de leur sang appauvri, une confiance temporaire en leurs propres prouesses, une vaillance moqueuse qui répondait au défi méprisant de Lund.

Lund, pensa Rainey, avait fait une chose téméraire en jetant son arme. C'était magnifique, mais ce n'était pas la guerre. Une pure bravade ! Mais il n'avait guère le temps de réfléchir. Lund lui lança un petit conseil. "Continuez à bouger ! Ne les laissez pas vous envahir !" Puis le combat fut engagé.

La jeune fille se pencha du promontoire pour regarder le tournoi. Tamada , toujours aussi impassible, entretenait ses feux. Sandy se glissa jusqu'à la plage, attirée malgré sa volonté, et entra et sortit d'un pas traînant, indécise, trop faible pour tenter de se mêler, mais excitée, désireuse d'aider. Deming, Beale et les deux chasseurs neutres se tenaient à l'écart, attendant peut-être de voir dans quelle direction le combat se déroulerait, réservé au vainqueur apparent.

Le Finlandais, le meilleur et le plus grand des marins, se précipita vers Lund, ses petits yeux rouges de rage, fou du désir de se vanter d'être aussi bon que Lund. Dans sa manière barbare, il ressemblait en quelque sorte à un danseur, et ses jambes étaient aussi souples que ses bras. Il bondit, frappant avec les poings et les pieds.

Lund l'a accueilli avec un upper-cut féroce, à courte course, envoyé depuis la hanche. Son énorme main, repliée sur un morceau de pierre, renversa le Finlandais, le soulevant, avant qu'il ne tombe, le nez enfoncé, l'os brisé, les lèvres cassées comme un fruit trop mûr et les dents décolorées cassées.

Il atterrit sur le dos, se retournant encore et encore, pour rester immobile, à moitié abasourdi, tandis que deux autres bondissaient vers Lund.

Lund rugit de surprise et de douleur lorsque l'un d'entre eux attrapa sa barbe rousse et se balança dessus, frappant et donnant des coups de pied. Il enroula son bras gauche autour de l'homme, l'écrasant tout près de lui, et, tandis que l'autre arrivait, plongeant bas, butant contre son plexus solaire, le géant l'agrippa par le col, utilisant son propre élan, et ramena les deux crânes. avec un bruit sourd qui les a laissés stupéfaits.

Les deux hommes tombèrent des bras détendus de Lund comme des sacs, et il les enjamba, alerte, en équilibre sur la pointe de ses pieds, poussant un cri de triomphe, tandis qu'il cherchait autour de lui son prochain adversaire.

Le substrat rocheux sur lequel ils combattaient était glissant là où de la glace s'était formée dans les crevasses. Deux marins s'attaquent à Hansen. Il stoppa les injures de l'un d'entre eux d'un coup de poing droit dans la bouche, mais l'homme s'accrocha à son bras, le faisant tomber. Hansen frappa l'autre, et le coup passa par-dessus l'épaule alors qu'il esquivait, mais Hansen le plaça à la chancellerie, et les trois, titubant, jurant, glissant, tombèrent enfin ensemble, avec Hansen en dessous, se tordant le cou pour se couper. son vent pendant qu'il conjurait les coups sauvages du second. Avec un soulèvement sauvage, il se mit à quatre pattes, puis Lund, rugissant comme un taureau en arrivant, arracha un marin et le jeta tête baissée.

« Frappez-le, Hansen ! » cria-t-il, les yeux durs, brillants comme la glace qui reflète le soleil, les narines grandes ouvertes, se glorifiant du combat.

Le Finlandais s'était un peu ressaisi, essuyant les gouttes de sang de son visage et crachant les accrocs de ses dents cassées. Il sortit un couteau de l'intérieur de sa chemise, une longue lame incurvée, et se glissa, tel un crabe, vers Lund, le meurtre dans ses yeux cochons et injectés de sang, attendant une occasion de se glisser et de poignarder Lund dans le dos, appelant à un camarade pour l'aider.

"Allez," appela-t-il, "Olsen, avec ton ancien couteau. Éventre les porcs!"

Une autre lame jaillit et les deux hommes avancèrent, accroupis, les genoux et le corps pliés. Lund recula prudemment vers la falaise opposée, à la recherche d'un fragment de roche meuble. Il avait interdit les couteaux aux matelots depuis la mutinerie et en avait forcé une livraison, mais ces deux-là avaient été cachés. Pour le Finlandais, un couteau était un accessoire naturel. Seule sa frénésie d'ivresse l'avait poussé à essayer de battre Lund à son propre jeu.

L'un des deux chasseurs, boiteux d'un coup de pied au genou, hurlant de douleur, s'accrocha sauvagement et emporta le matelot en lui cognant la tête contre un rocher. L'autre chasseur amical avait frappé et secoué son adversaire jusqu'à ce qu'il se soumette. Mais Rainey était dans une situation difficile.

Un marin, à moitié mexicain, se précipita vers lui comme un chat sauvage. Rainey a frappé et ses poings ont frappé le sommet de la tête de la race sans l'arrêter. Puis il a décroché.

Le Mexicain était glissant comme une anguille. Il libéra ses bras, ses mains se levèrent et ses pouces cherchèrent les coins intérieurs des yeux de Rainey. L'angoisse soudaine et brûlante était exaspérante et il leva ses poings serrés vers le haut, écartant les doigts perçants.

Deux mains lui agrippèrent les épaules par derrière. Quelqu'un sauta sur le dos. Un genou plaqué contre sa colonne vertébrale.

L'agonie le laissait impuissant, les vertèbres semblaient sur le point de se fissurer. La force et la volonté furent coupées et le monde devint noir. Et puis un des chasseurs se lança dans la lutte, et tous quatre tombèrent dans une frénésie de coups et de cris étouffés.

Les marins se battaient comme des bêtes, s'efforçant de porter des coups interdits par tous les codes de décence et de fair-play, avec l'intention de mutiler. Lund avait appuyé ses épaules contre les rochers et se tenait les mains ouvertes, observant les deux hommes avec leurs couteaux, qui se glissaient pied après pied pour terminer.

Peggy Simms, une mèche de ses cheveux jaune pâle détachée, la jeta hors de ses yeux alors qu'elle se tenait au bord de la falaise, les lèvres écartées, ses seins se soulevant orageusement, regardant ; ses traits changeaient avec le cours de la bataille qui déferlait sous elle, ponctué de cris étouffés et de serments coupés par le vent. Elle vit Lund aux abois et sortit son pistolet. Mais la distance était trop grande. Elle n'osait pas se fier à son objectif.

Sandy, dansant dedans et dehors, volontaire mais impuissante, liée par la peur et le manque de muscle, vit Deming, suivi de Beale, empruntant la piste, inaperçu de la jeune fille, qui se penchait loin en avant, observant le combat, les yeux rivés sur Lund et les deux se rapprochaient avec leurs couteaux, prudents mais déterminés. Tamada se tenait plus en retrait et ne pouvait pas les voir.

L'esprit du garçon, aiguisé par son expérience de gaillard d'avant, devina ce que cherchaient Deming et Beale alors qu'ils gagnaient le promontoire et couraient vers les incendies.

"Hé!" cria-t-il. "Attention, ils en veulent aux outils !"

La main de Deming était tendue vers une pelle, dont la pelle en acier usée était aussi tranchante qu'un ciseau. Beale était à quelques mètres derrière lui. Ils allaient lancer les pelles et les foreuses aux marins.

Tamada se tourna. Son visage ne changea pas, mais ses yeux brillèrent tandis qu'il enfonçait une louche dans les restes fumants de la soupe aux pois et jetait l'épaisse masse boursouflée au visage de Deming. Au même moment, le pistolet de la jeune fille craqua avec un coup de flamme rouge. Beale tomba, touché au cou, près de la clavicule, se tordant comme un serpent écossais, roulant à nouveau sur le sentier menant à la plage.

Deming, hurlant comme un diable brûlé, griffait d'une main la masse collante qui le masquait alors qu'il courait aveugle, fou de douleur. Il trébucha, s'agrippa et perdit prise, glissa sur un plan de lave glacée, lisse comme du verre, heurta un contrefort qui l'envoya tangentiellement vers le bas de la falaise, bondissant sous l'impact avec un coude de poussée du rocher, tourbillonnant dans l'espace, dans le tumulte glacial des vagues, inondant la crique.

Peggy Simms s'est enfuie sur la piste avec une perceuse en acier dans chaque main, traversant directement la plage en direction de Lund. Le Finlandais se tourna vers elle avec un grognement et un coup de couteau sur le côté, mais elle sauta de côté, esquiva l'autre pied lent et lança une perceuse à Lund, qui la saisit avec un cri d'exultation et la balança au-dessus de sa tête. comme si c'était un bambou. Hansen avait secoué ses hommes et se lançait dans le deuxième exercice.

Le couteau tomba en tintant sur le rocher gelé tandis que Lund brisait le poignet du Finlandais. L'arme de la jeune fille fit lever les mains au deuxième agresseur potentiel tandis que Hansen saisit son arme, la jeta par-dessus la falaise la plus éloignée et jeta le marin au sol avant qu'il ne rejoigne Lund, chargeant les autres, qui s'enfuirent devant eux. et la menace des barres d'acier.

Lund éclata de rire et cessa de frapper, utilisant la perceuse comme un aiguillon, les poussant en une horde regroupée, comme des moutons sans chef, jusqu'aux genoux, jusqu'aux cuisses, dans l'eau, où ils s'arrêtèrent et implorèrent grâce pendant que Hansen se tournait pour mettre la fin des luttes séparées.

Cela s'est terminé aussi vite qu'il avait commencé. Un chasseur pouvait à peine supporter son coup de genou, le dos de Rainey était tendu et raidi, Lund avait perdu une poignée de sa barbe et la joue de Hansen était ouverte.

De l'autre côté, les pertes ont été plus graves. Deming s'est noyé, son corps soulevé par la marée, roulant dans le swash. Beale crachait du sang, mais n'était pas dangereusement blessé. Le Finlandais pleurait à cause de son poignet cassé, tout le combat était hors de lui. Les côtes étaient douloureuses là où elles n'étaient pas brisées par les forets, et les deux heurtés par Lund se redressèrent avec la tête douloureuse. Le courage inspiré par l'alcool avait disparu ; suintait, battu hors d'eux. Ils étaient intimidés, démoralisés, fouettés.

Lund fit rapidement un inventaire, les alignant alors qu'ils sortaient timidement de l'eau ou se traînaient contre la falaise sur son ordre. Tamada était descendue des incendies. Peggy avait parlé de sa part et du cri opportun de Sandy. Lund lui fit un signe de tête amical.

"Tu es un homme blanc, Tamada ", dit-il. "Toi aussi, Sandy. Je ne l'oublierai pas. Rainey, rassemble ces épaves et aide Tamada à les réparer . Je réglerai avec eux plus tard. Hansen, mets les autres au travail, et " Gardez-les comme ça ! Vous entendez ? Ils doivent faire le travail de tout le groupe. "

Ils y allèrent assez volontiers, boitant, soignant leurs contusions, tandis que Hansen, dont la solidité avait momentanément disparu dans l'agitation du combat et n'avait pas encore retrouvé sa place, faisait preuve d'un vocabulaire inhabituel alors qu'il les dirigeait. Lund se tourna vers les deux chasseurs qui s'étaient tenus à l'écart.

"Wal, espèce de neutres au ventre jaune", dit-il, la voix froide et les yeux durs. "Je pensais que je pourrais perdre, et je l'espérais, n'est-ce pas ? Ramassez cette mouffette de Beale et transportez-le à bord. Puis revenez et allez travailler. Vous aurez plus d'actions, mais vous ne saurez pas ce qui s'en vient . " à ceux qui étaient là. Maintenant, hors de ma vue. Vous pourrez l'enterrer à votre retour. " Il fit un signe de tête en direction du cadavre détrempé de Deming, jeté sur les débris. "Vous pouvez prendre votre salaire de fossoyeur d'autrefois avec ce que vous lui devez au poker. Il n'est pas je vais récupérer ce voyage.

Rainey, boiteux et endolori, aida Tamada à panser les blessés, transformant les quartiers des chasseurs en infirmerie, utilisant la table pour les opérations. Beale était le plus mal loti, mais Tamada a déclaré qu'il n'était pas gravement endommagé. Après en avoir fini avec eux, il a insisté pour que Rainey soit couché, face contre terre, sur la table, torse nu, pendant qu'il le frottait avec de l'huile puis le pétrissait. Une fois, il donna un coup de clé soudain et Rainey vit un flou d'étoiles alors que quelque chose se mettait en place avec un clic.

"Je pense que tu vas bientôt mieux, maintenant", dit Tamada .

"Vous et Miss Simms avez inversé la tendance", a déclaré Rainey. "S'ils avaient eu ces outils en premier , ils en auraient fini avec nous en peu de temps."

« Imbéciles ! » dit Tamada . "Supposons qu'ils tuent Lund, comment s'en sortiront-ils ? Personne pour naviguer. Bientôt, la canonnière les trouvera. Je pense que M. Lund me fera peut-être confiance maintenant," dit-il doucement.

"Que veux-tu dire?"

"M. Lund pense au fond de sa tête que j'ai fait en sorte que cette canonnière vienne. Il ne peut pas comprendre comment ils connaissent la goélette sur l'île. Il pense venir juste cette fois-ci, c'est trop curieux, je pense."

"C'était un peu une coïncidence."

Tamada haussa légèrement les épaules.

"Je pense que le gouvernement japonais sait tout ce qui se passe dans la région polaire Nord", a-t-il déclaré. "Il y a une station sans fil sur l'île Wrangell. Nous passons à côté."

Rainey mâchait cette information tout en enfilant ses vêtements, se demandant s'ils avaient vu le reste de la canonnière. Ils devraient passer vers le sud par le détroit de Béring. Il serait facile de les réviser, de les arrêter, de fouiller la goélette, de confisquer l'or. Ils n'étaient pas encore à l'abri des ennuis.

Lorsqu'il entra dans la cabine pour remplacer son manteau déchiré – il n'y avait presque pas un bouton intact au-dessus de la taille, de la veste au maillot de corps – il y trouva la jeune fille avec Lund. Apparemment, ils venaient juste d'entrer. Peggy Simms, le visage illuminé par l'excitation qui ne s'était pas calmée, tendait à Lund son pistolet.

"Gardez-le", dit-il. "Tu en auras peut-être besoin. J'ai le mien."

"Mais tu l'as jeté à l'eau. Je t'ai vu."

"Non," rit-il. "Ce n'était pas mon arme. Ils pensaient que oui. Je voulais maîtriser la chose. Mais je n'ai pas été assez idiot pour jeter mon arme. C'était une clé que j'utilisais ce matin pour réparer la cabine. Je l'ai mis dans ma poche intérieure . J'avais envie de tirer quand ils ont montré leurs couteaux, mais je ne voulais pas utiliser mon arme sur ce gâchis de hasch."

Il se tenait grand et large au-dessus d'elle, regardant le visage qui était élevé vers le sien. Rainey, encore inaperçue, vit ses yeux briller d'admiration.

"Tu es un merveilleux combattant," dit-elle doucement.

"Merveilleux ? Et vous ? Une femme d'homme ! Vous avez sauvé la situation. Vous venez vers moi avec ces exercices. Et nous les avons léchés . Nous. Dieu !"

Il la prit dans ses bras, la souleva dans ses grandes mains, ne faisant pas plus d'elle que si elle eût été un oreiller de plumes, jusqu'à ce que son visage soit au niveau du sien, la serrant contre lui, tandis qu'il était dans une rage rapide et indignée. elle riposta, frappant en vain pendant qu'il la tenait, l'embrassait et la déposait alors que Rainey bondissait en avant.

Lund semblait totalement inconscient de la répulsion de la jeune fille.

"Viens vers moi avec les perceuses !" il a dit. "Nous les avons léchés . Toi et moi ensemble. Ma femme!"

Peggy Simms avait bondi en arrière, les yeux flamboyants. Lund est venu la chercher, le visage illuminé par le désir d'elle, les bras écartés, les mains ouvertes. Avant que Rainey ait pu se jeter entre eux, la jeune fille avait saisi le petit pistolet que Lund avait posé sur la table et avait tiré à bout portant. Elle semblait avoir manqué son coup, même si Lund s'arrêta, bouche bée, stupéfait.

« Espèce de gros tyran ! » » dit Rainey. Maintenant que le moment était venu , il réalisait qu'il n'avait plus peur de Lund, de son fusil, de sa force. " Jouez honnêtement, n'est-ce pas ? Alors montrez-le ! Vous m'avez demandé un jour pourquoi je ne lui avais pas fait l'amour. Je vous l'ai dit. Mais vous, espèce de tyran grossier ! Vous ne pensez qu'à votre grand corps, pour prendre quoi ça veut.

"Peggy. Veux-tu m'épouser ? Je peux te protéger de cette brute imposante. Si c'est pour être une confrontation entre toi et moi," lança-t-il à Lund, le regardant toujours comme stupéfait, "laisse-le venir maintenant. Peggy ? "

La jeune fille, les larmes aux joues nées des sanglots de colère qui l'avaient secouée, se tourna vers lui.

"Toi?" » dit-elle, et Rainey se fana sous le mépris de sa voix. "Je t'épouse?" Elle se mit à rire hystériquement, essayant de se retenir.

"Je ne voulais pas vous faire de mal", dit lentement Lund en s'adressant à Peggy. "Eh bien, je ne te ferais pas de mal, ma fille. Tu es ma femme. Tu viens à moi. Je plaisantais, le trieur de plaisanteries a balayé mon ours . Pourquoi," il se tourna vers Rainey, sa voix se transformant en un grognement. de mépris colérique, " espèce de pen- shovin 'whippersnapper, je pourrais te briser en deux d'une seule main. Tu n'es pas sa race. Mais " - sa voix changea encore - " si c'est une confrontation, tout droite.

"Si je devais te battre pour elle, je te tuerais. Tu penses que je ne respecte pas une bonne fille ? Tu penses que je ne sais pas comment aimer une fille, n'est-ce pas ? Elle est *mon* compagnon. Pas le vôtre. Mais c'est à vous de décider, Peggy Simms. Je ne voulais pas t'insulter. Et si tu le veux, eh bien, c'est à toi de choisir entre nous deux.

Elle passa devant Rainey comme s'il n'avait pas existé, directement dans les bras de Lund, le visage radieux, tourné vers le haut.

"C'est toi que j'aime, Jim Lund", dit-elle. "Un homme. *Mon* homme."

Alors que ses bras passaient autour de son cou, elle poussa un petit cri.

"Je t'ai blessé", dit-elle, et sa tendre inquiétude frappa Rainey au vif. "Vite, laisse-moi voir."

"Blessé, bon sang!" » rit Lund. " Vous pensez à ce pistolet à éclats d' autrefois pourrais-tu m'arrêter ? La balle est quelque part dans mon épaule. Laissez-le attendre . Par Dieu, tu es ma femme, après tout. La chance de Lund ! »

Rainey monta sur le pont avec ce bourdonnement dans les oreilles. Son humiliation s'est rapidement dissipée alors qu'il retournait vers la plage. Au moment où il traversa le promontoire, il se sentit même soulagé du résultat. Il n'était pas amoureux d'elle. Il le savait lorsqu'il est intervenu. Il ne le lui avait même pas dit. Sa chevalerie avait parlé, pas son cœur. Et ses pensées retournèrent vers la Californie. L'autre fille, aussi Diana soit-elle, n'aurait jamais, en un seul souffle, tiré et embrassé l'homme qu'elle aimait. Une vision persistante de la beauté de Peggy Simms alors qu'elle était partie à Lund demeurait et s'effaçait.

"Lund a raison", se dit-il. "Elle n'est pas de ma race."

CHAPITRE XVIII

LA CHANCE DE LUND

Lund jeta un coup d'œil au geyser d'embruns là où l'obus de la canonnière qui le poursuivait avait échoué, puis au banc de brume devant lui. Ils étaient dans le détroit de Béring, entre le cap Charles et Prince Edward's Point, l'or à bord, les voiles au vent, faisant onze nœuds contre quinze pour la canonnière.

C'était le milieu de l'après-midi, trois heures après qu'ils n'avaient pas vu de fumée au nord et à l'arrière d'eux. Soit la patrouille les avait trouvés partis de l'île, libérés par le dynamitage de la banquise, et avait suivi la piste à toute vitesse, soit la radio d'une station japonaise de la côte tchukchie avait annoncé leur vol de retour.

Le grand rideau de brouillard se trouvait à un kilomètre devant nous. Le dernier obus était tombé à deux cents mètres. Cinq minutes de plus régleraient le problème. Hansen avait le volant. Lund se tenait près de la rampe, les bras autour de Peggy Simms. Il brandit le poing en direction de la canonnière, vomissant de la fumée noire s'échappant de son entonnoir et de l'écume autour de sa proue.

les battrons encore", a-t-il crié.

L'obus suivant, plus élevé, gémit parallèlement à eux, fila en avant et s'écrasa sur les vagues.

"Tiens le cap, Hansen ! Pas le temps de zigzaguer. Il faut tenter le coup. Bon sang, ils savent tirer !"

Un missile avait percé la grand-voile et les voiles d'avant, laissant des trous ronds pour marquer le score. Un autre frappa violemment le mât principal, et quelques éclats tombèrent, tandis que les restes de la voile supérieure battaient au milieu des extrémités tordues de la drisse et de l'écoute.

Ils entrèrent dans le début du brouillard, dont des brins enroulés s'étendaient, s'enroulant sur l' étrave et les voiles d'avant, enveloppant le mât de misaine, avalant la goélette tandis qu'un obus déferlant s'écrasait sur la poupe. L'instant d'après, la brume les avait abrités. Lund relâcha la jeune fille et sauta au volant.

"Maintenant," cria-t-il, "nous allons les tromper ! " Il agrippa les rayons et les hommes coururent vers les écoutes tandis que le *Karluk* s'éloignait perpendiculairement à sa route précédente, contournant le brouillard qui recouvrait le vent tout en laissant suffisamment de brise filtrer pour leur permettre d'avancer, glissant comme un fantôme sur le nouveau bord à l'est.

Rainey, tendu par l'explosion de l'obus, sauta enfin en dessous et revint exultant.

"C'était raté, Lund !" il cria. "Ou bien ils ne voulaient pas nous faire exploser à cause de l'or. Mais ils ont détruit la cabane. Le brouillard entre par le trou qu'ils ont fait . la galère est partie. C'est ratissé la goélette !"

" Tant qu'il est au-dessus de la ligne de l'eau, au diable ! On va s'en sortir. Écoutez les imbéciles. Ils nous ont poursuivis, tout droit. "

Le grondement de la batterie avant de la canonnière résonnait derrière eux, atténué par le brouillard et devenant de plus en plus faible.

"La chance de Lund ! Nous les avons esquivés ! "

"Ils nous attendront aux cols", a déclaré Rainey. "Ils ont la vitesse sur nous."

"Laissez- les attendre. À flamboyer avec les Aléoutiennes ! Prêts à nouveau là-bas pour un virement de bord ! Sud-est maintenant. Nous allons travailler sur cela jusqu'à ce que nous reprenions le vent . C'est toute l'eau bleue jusqu'à la péninsule de Seward. Nous sommes à destination de Nome.

"Pour Nome ?" » a demandé Peggy Simms.

"Non, Peggy ! Un port américain. Le port le plus proche. Et le pasteur le plus proche !"

LA FIN

www.ingramcontent.com/pod-product-compliance
Lightning Source LLC
LaVergne TN
LVHW091223180726
843490LV00006B/1900